S. KOHL

নৈরাজ্যবাদের ধ্বনি

Slogan of Anarchism

ABOUT THE BOOK

The book Slogan of Anarchism refers to the author's personal feelings and thoughts about the political imbalance in the world. In part, it gives the reader a brief introduction to the world of anarchy. It contains various streams of thought which broadly agree that the human being, by using his own mind and sense of justice, should be able to strive for social coexistence without being oppressed by the shackles of corruption and greed of the currently existing political systems.

Fundamental issues of politics in general and especially the politics in the author's home country are sharply criticized and religious misconceptions are questioned.

ABOUT THE AUTHOR

S. Kohl was born in Bangladesh in 1957. Currently he is living in Germany with his beloved wife and his caring children.

Despite all the hardships he had to go through in his early life, he discovered his passion for politics. Driven by the injustices of political ideologies that he first discovered in his country and felt oppressed by them, he began to delve deeper and deeper into political contexts, questioning them for their effectiveness and also calling for activism against them.

Even to this day, his thirst for knowledge has not left him and has ultimately convinced him to take an anarchist position.

S. Kohl

নৈরাজ্যবাদের ধ্বনি

Slogan of Anarchism

Herstellung und Verlag: BoD – Books on Demand,
Norderstedt

ISBN: 9783754308233

Table of Contents

Introduction

নৈরাজ্যবাদের ধ্বনি (Slogan of Anarchism) এই ছোট পুস্তিকাটি নৈরাজ্যবাদের মৌলিক দর্শন-জ্ঞানের তত্ত্ব-নীতিতে আবৃত।

ইহা আমার লিখা প্রথম পুস্তিকা। পেশাগত ভাবে আমি কিন্তু সাহিত্যিক নই। রাজনৈতিক, বৈপ্লবিক মতাদর্শের কারনে বাধ্য হয়েছি, নিজ অভিজ্ঞতা ও যুক্তি পথকে তুলে ধরিতে এবং নেহায়েত সেই নৈতিক প্রেরণা থেকে আমার এই প্রচেষ্টার উদ্যোগটি ।

ভাষাগত ও বিভিন্ন ভুল ক্রুটি গুলিকে ক্ষমার দৃষ্টিতে দেখিবেন। আগামীতে পদক্ষেপে যাহাতে ভুল এড়িয়ে চলিতে পারি সেই ব্যাপারে পরামর্শ সানন্দে গ্রহন করিব।

এই বই লিখার কর্মে যাহারা আমাকে সক্রিয় ভাবে সাহায্য করেছেন তাহাদের মধ্যে সর্বপ্রথম আমার প্রিয়তম স্ত্রী, ফাহমিদা কোল এবং আমাদের প্রান প্রিয় ৩টি সন্তানকে কোন অবস্হাতেই এড়িয়ে যাওয়া যাবেনা। শিক্ষা ও কর্মগত পেশার কারনে এখানে তাহাদের নাম প্রকাশ করা হলোনা। আমি দু:খিত। এই সাথে যাহাকে অবশ্যই স্মরন করিতে হয় এবং যাহার মাধ্যমে আমার রাজনীতিতে হাতে খড়ি,সেই মানবতাবাদী দার্শনিক কবি চানমংগলকে ধন্যবাদ না জানাইলে মেটেও চলিবেনা।এখানে স্মরন করিতে হয়, মঃ ভাসানীর ব্যক্তিগত সচিব মরহুন,কাজি আনোয়ারুল আযীম ভাইকে,

এবং অন্যান্য যাহারা আমার জীবনের বিভিন্ন দুযোর্গ পরিস্হিতিতে প্রটেক্টর ছিলেন, তাহাদের সকলকে।

১৯৭১ সাল থেকে সামাজিক-রাজনৈতিক অসুভ পরিস্হিতির উপর গড়ে উঠা আমার বাল্যজীবন ও আমার বিধ্বস্ত পরিবারের শহীদ মরহুম পিতা. মাতা, ভাই, বোন সকল সদস্যদের ত্যাগ-তীতিক্ষা ভুলে যাবার নয়। এই বইটি তাহার একটি অমর বৈপ্লবিক স্বাক্ষী স্বয়ং আমি। সেই সকল বাস্তব কারনে বইটি উৎসর্গীত হচ্ছে, বিশ্বের বিভিন্ন স্হানে শোষিত-নির্যাতিত, নিপীড়িত মানুষের নৈতিক-বৈপ্লবিক তৎপড়তা সমর্থনে।

রাষ্ট্র নামে (Plutocratic) প্লোটোক্রেটিক-এলিটতন্এ, মানবতার শেষ দাসত্ব শিকল। এই শিকল থেকে মুক্তির জন্য প্রস্তুতি নেও!

All pictures and images have been collected from internet, Google and or other search engines. My all articles are provided for educational or inspirational purposes.

শামিম কোল – জার্মানী ।

Chapter 1

Chapter 1 Section 1

আসুন সত্য কথা বলি, পুঁজি হচ্ছে ক্যাপিটেল। ঐ ক্যাপিটেলের জন্ম এবং ভেলু সৃষ্টি করছে কে? উঃ বাজার। যে, শ্রমদেয় তাহাকেই শ্রমিক বলা হয়। বাজারের ক্রেতা কে? নিজ শ্রমে উৎপাদিত উৎপাদনের ক্রেতাও তাহারা এবং উহাই ধনতন্এ!সেই সকল শ্রমিকদের মধ্যে বহু ক্লাসিফিকেশন আছে।একজন ডিজাইনারকে কি বলিবেন আপনি? এজন ইন্জিনিয়ার, একজন আইন বিশেষজ্ঞ, একজন সাহিত্যিক ইত্যাদি বহু অসংখ্য পেশা ও জীবিকা আরোহনকারী আছেন, কি হবে আপনার ভাষায় তাহাদের পরিচিতি?

শুধু আপনার সেই হাতুড়ি ও কাস্তে মার্কায় চলছেনা দেশ ও জীবিকা!

রাষ্ট্র-সাম্রাজ্যবাদী পুঁজির এ্যাজেন্ট, ঐ পুঁজিতে ছড়িয়ে পড়েছে আপনার নেতৃঙ্ষ, দল ও রাষ্ট্র!একটু ভেবে দেখুন, এমন কী স্বয়ং আপনার নিজ শিক্ষা ব্যবস্হা এবং তাহার গুণ ও মান? আপনার শিক্ষা, আপনার পরিবার, পুঁজি দ্বারাই নিয়ন্এিত নয় কি? আমার ব্যাপারে কতটুকু উহার বাহিরে? আমার ও আপনার ব্যবধানটি হচ্ছে, আপনি সংস্কারবাদী রাষ্ট্রতন্এের সাথে আপনার দ্বন্দ নেই, ইহার স্বীকৃতি স্বয়ং আপনি। আপনি ঐ শোষণ ব্যবস্হার অংশিদার!কিন্তু আমি উহার সম্পূর্ন বিপরীত দিকে অবস্হান করছি। আমি জানাচ্ছি, দার্শনিক নিরাজ্যের স্বীকৃতি।ডাওইজম থেকে বিভিন্ন দার্শনিক মতাদর্শের স্বীকৃতি, প্রকৃতি ও সাম্য মৈত্রীর কথা।যাহা সাধুর বেশ

পরিহীত মুখোশ পড়া অসাধু, সুপ্রসিদ্ধ-সুনাম ধন্য, বিখ্যাত পুঁজির মালিকরা যাহা মেনেনিবে না তাহা?

Chapter 1 Section 2

গোড়া থেকে শিখতে হয়। উপর থেকে শিখতে গেলে বিভ্রান্তিতে পড়িতে হয়!যে কোন বিষয়ে গোড়া থেকে আরম্ভ করুন।বিভ্রান্তিকে এড়িয়ে চলুন!

Chapter 1 Section 3

বিচ্ছিন্নবাদ কোন অর্থনৈতিক মিমাংশা নয় বরং ইহাতে জাতীয়তাবাদী-ফ্যাসিবাদী উগ্র-বর্নবাদকেই লালন পালন করা হয়।

লেনীনবাদ,বর্নবাদ ও আধিপত্যবাদেরই অভিব্যক্তি।ভারত বর্ষ বিভক্ত করার পথে অদ্যাবধি লেনীনবাদী-ষ্ট্যালীনবাদীদের রাজনৈতিক ভ্রান্ত কৌশল গুলিও কমদায়ী নয়। শ্রমিক-কৃষক, শ্রমজীবী-মেহনতি মানুষের মুক্তি আন্দোলন যে, আদো বর্নবাদী, জাতীয়তাবাদী বা সীমাবদ্ধ রাষ্ট্রবাদী সংর্কিণ বিপ্লব নয়, তাহা তাহারা জানেনা।এমন কি মার্কসবাদ যে, শ্রেণী সংগ্রামের মৌলিক গুরুত্ব রেখেছে তাহাও তাহারা সুকৌশলে এড়িয়ে গিয়েছে! যাহার কারন দাড়িয়েছে, শ্রেণী সংগ্রামে,

শ্রেণি শত্রুদের অণুপ্রবেশ!যাহাদেরকে বুজোর্য়া বা ক্যাপিটেলিষ্ট বলা হয়?

"Proletariat of all countries have to unite!"

What does that mean? I may ask, those revolutionaries whether they understand the fundamental foundation of Marxism or they don't? So, those are revisionists.

Marx was a brilliant man, one of the famous revolutionary man in his time.

সমষ্টিগত স্বাধীনতা হলো, বিশ্ব-প্রকৃতি ও মানবতা।ব্যক্তি স্বাধীনতা হচ্ছে, স্বাধীনতার মূল অর্থ। তথাকথিত জাতীয় স্বাধীনতা হচ্ছে, শাসক শ্রেণীর স্বাধীনতা।

   – স্বাধীনতা প্রসংগে নৈরাজ্যবাদ থেকে, এস,কোল।

Chapter 1 Section 4

জাতীয়তাবাদ তথা ন্যাশনালইজম একটি বিষাক্ত প্রক্রিয়া। তাহার অধুনা (সাম্প্রতিক)দুইটি নাম নাজিজম ও ফ্যাসিজম ।

Chapter 1 Section 5

জাতীয়তাবাদ কখনো মানবতার ভিত্তি প্রস্তর হইতে পারেনা। বরং তাহা মানবতার উপর বিদ্বেষ ছড়ায়, মানব ঐক্য, সুখ, শান্তিকে বিনষ্ট করে তোলে। উহা শাসক শ্রেনির ঘৃণীত রাজনীতি। রাষ্ট্র-ক্ষমতার দখল বা কতৃত্ব আয়ত্তে রাখার অপ-কৌশলের মিথ্যাবানী।

Chapter 1 Section 6

বর্হি শক্রর চেয়ে গৃহ শক্র মারাত্মক ! গৃহ শক্রই বর্হি শক্তির নাক, কান, চক্ষু, জিহব্বা অর্থাৎ সকল ইনফরমেশন!

Chapter 1 Section 7

সমাজতন্ত্রের প্রকৃত মূল্যবোধ বা সমাজতন্ত্র যাহাঃ Socialism will be free, or it will not be at all. – Rudolf Rocker

Chapter 1 Section 8

How come wrong people got Nobel peace prizes?

What kind of influence have they made on the Nobel prize committee? Who nominee those who got the most modern highest respect?   Is there a way to track down these crook winner people and to rebuke their rewards as necessary and as demanded?

Chapter 1 Section 9

নোভেল পাওয়া ছাড়াও কিছু শাসক-শাসিকা আছেন, বিশ্ব-মোড়লদের সন্তুষ্টি স্হাপনে পদলেহন করে থাকেন।তাই, তাহারা জনতার অপছন্দনীয় হয়েও ক্ষমতায় টিকে থাকেন?

বাংলাদেশের হাসু দিদি, এজিপটের সি সি'র দিকে দৃষ্টিপাত করুন! এবং সাথে আরো অন্যান্যদের।পলেটিকস বুজেন নিশ্চয় কিছু?

Chapter 1 Section 10

প্রতিটি তত্ত্বের অর্থ আছে, বিশ্লেষণ আছে, তাহার সত্যও আছে।তবে তত্ত্ব,বুজতে হইবে।প্রশ্নাবলীর যেমন, আলাদা-উওর থাকে, তত্ত্বের ও আলাদা-আলাদা উওর থাকে এবং সত্যও থাকে সেখানে উদিত।

Chapter 1 Section 11

তথ্য বিভ্রান্তি মূলক হইতে পারে, কল্পিত স্বার্থে তৈরী হইতে পারে। কিন্তু হ্যা, তাহার সত্য একটিই অপ্রকাশিত থাকিলেও ধীরে-ধীরে তাহার প্রকাশ ঘটিবেই।

Chapter 1 Section 12

কথিত মর্ডানাইজেশন,ঐতিহাসিক প্রায় সকল বস্তুকেই মিউজিয়মে স্হান দিয়েছে! কথিত রাষ্ট্র তথা ধনতন্ত্রএর বিরুদ্ধে গণযুদ্ধ কখনো সফলতা অর্জন করে তাহার মূল আদর্শ নিয়ে টিকে থাকতে পারেনা? প্রতিক্রিয়াশীল চক্র তাহার চরিএ হনন করে চলছে, তাহাকে বিভিন্ন রুপে রুপান্তিত করে যাচ্ছে?

Chapter 1 Section 13

প্রিয় ধর্মবাজ, অংসান সুচির ফাঁসী চাচ্ছেন, মোছলমান নিধনের দায়ে কিন্তু আপনার নিজ দেশে, আপনাদের মহামতি আলহাজ শ্রী হাসুদেবীর ফাঁসী চাচ্ছেন না কেন, সেতো জীবন্ত কগুলি মানুষকে এযাবৎ ফাঁসী দিয়েছেন?

Chapter 1 Section 14

এপারের দিদিরা বা দাদারা ওপারের দিদিদের বা দাদাদের সাথে ক্ষমতায় অংশিদারিত্ব নিবে কিন্তু মজুর, শ্রমিক, মেহনতী জনতার কি হবে?বাংলাদেশের তথাকথিত বামতো সব রামবাদী পাঠা হয়ে গিয়েছে।

Chapter 1 Section 15

গণতন্ত্রের ভঙ্গি, জুলুমের সিংহাসন তৈরী!পৃথীবির রাজনীতি থেকে উহা চিরতরে উচ্ছেদ করা হোক।

Chapter 1 Section 16

মা হওয়া, না হওয়া, বিবাহ হওয়া, না হওয়ার উপরে শুধু নারীবাদ নির্ভর করেনা।নারীবাদের গভীরতা অন্যএ আরো গভীরে!যেইটি পূর্ণবয়স্ক নারীর স্বিধাল্তে কার্যকরী হয় তাহাই নারীবাদ।নারীদের জন্য নাপিতের প্রয়োজন হয়না। নারী নিজেই জানে যে, কোন নাপিত দ্বারা সে নিজের কাজ সারাবে।

Chapter 1 Section 17

নিজ সমস্যা, গৃহ সমস্যা, নিকটতম আত্মীয়-স্বজনদের সমস্যা, প্রতিবেশী, সমাজের সমস্যা এই ভাবেই বিভিন্ন সমস্যা মোকাবেলায় কর্ম-শক্তির প্রসারতা বৃদ্ধি করিতে হয়।যদি শক্তি থাকে । এক সময় নিজেকে ধংসকরে শূণ্য হয়ে রয়েছি দাতা হাতেম তাইরমত!

তাই, উপদেশ আমার, কেহ যেন এই ভাবে জীবনে ভূল না করেন?

Chapter 1 Section 18

শাসক-শাসিকার বিজয়ের অর্থ তাহার তথাকথিত জাতির বিজয় এই বিশ্বাস নিরাজবাদ বা নৈরাজ্যবাদীদের বিশ্বাস নয়।অন্যথায় বৈপ্লবিক, রেডিক্যাল সাহিত্য, রাজনীতি, কর্মতৎপড়তা থেমে যেত।

Chapter 1 Section 19

সকল রাজনৈতিক কর্মকান্ড, শিল্প, সাহিত্য, রচনা, ভাবাবলী কি সত্য?একদিকে মহাত্মা বা উদার অন্যদিকে অর্থনৈতিক শোষণ, বিশাল সম্পদের মালিকানা ঐ সকল কি সব সত্য-ন্যায়ের উপর প্রতিষ্ঠিত "সত্য?"

Chapter 1 Section 20

এমন কিছু অসত্য আছে তাহা আধো সত্য নয়!শাসক-শাসিকা, রাষ্ট্রযনএের তল্লিবাহক-বাহিকারা যাহা বলে তাহা কি সব প্রমাণিত সত্য?

Chapter 1 Section 21

সমষ্টিগত স্বাধীনতা হলো, বিশ্ব-প্রকৃতি ও মানবতা। ব্যক্তি স্বাধীনতা হচ্ছে, স্বাধীনতার মূল অর্থ।তথাকথিত জাতিয় স্বাধীনতা হচ্ছে,শাসক শ্রেণীর স্বাধীনতা। জনগণের উপর আধিপত্য প্রতিষ্ঠা করা, প্রত্যয়ন করা, দমন করার এবং শক্তি প্রয়োগ করার সংবিধান বা দলিল নামে পরিচয় যাহা তাহা।

Chapter 1 Section 22

রাষ্ট্রীয় পতাকার স্বাধীনতা কি শিক্ষা ও পেটের স্বাধীনতা? তাহা হইলে মানুষ পেশা ও উর্পাযনে,দেশের বাহিরে কেন??

Chapter 1 Section 23

আমার ব্যক্তিগত স্বাধীনতার গ্যারান্টি কি আপনি বহন করিতে পারিবেন? একটি পরিবারের দায়িত্ব নেওয়াতো বহ দূরের কথা।

Chapter 1 Section 24

স্বাধীনতা সম্পর্কে ক, থ, গ,... শিখুন!অতপর স্বাধীনতা সম্পর্কে বক্তব্য দেওয়া উচিৎ হইবে ।

Chapter 1 Section 25

বাংলাদেশে ভোট হচ্ছে, লুন্ঠন ব্যবস্হায় লুন্ঠন ব্যবস্হার স্বীকৃতি-নবায়।কারন লুন্ঠন ব্যবস্হাকে বিলুপ্ত করার স্বীকৃতি ইহা নয়। বংশতন্ত্রএর গণতন্ত্রএ তথা প্রজাতন্ত্রএ নামদারী লুন্ঠন ব্যবস্হাকে বিলুপ্ত করার চেতনায় যথেষ্ট অচেতন বাংলাদেশ।সামাজিক বিপ্লব ব্যতিত গণতান্ত্রিক লুন্ঠন ব্যবস্হাকে দাহ্য করা সম্ভব হবেনা?

তথাকথিত গণতন্ত্রএর ঢাক-ঢোল, উৎসব আয়োজন করে চলছে দুর্নীতি ও স্বজনপ্রীতি!

Chapter 1 Section 26

নিজেকে প্রস্তুত না করে কোন বিপ্লব সম্প্রসারিত হইতে পারেনা। তাই, "সচেতনা অত্যাবশ্যকীয়।" আমার অধিকার আপনার জন্য তৈরী হইতে পারেনা এবং আপনার অধিকার আমার জন্য পরিপূর্ন হইতে পারেনা।সকল অধীকারে সম্প্রীতি অবস্হান লাভ করিবে যখন তখন তাহা সকলের অংশিদারিত্ব লাভ করিবে। আমাদের চলিত রাজনৈতিক ও অর্থনৈতিক অবস্হান সেখানে নয়?

আমাদের বাস্তবতা এবং অর্থনৈতিক ও শিক্ষাগত বাস্তব অবস্হান সকলের একনয়!আপনি জেনারেল আমি সিপাহী, আপনি প্রধান মন্ত্রী, আমি পথের কুলি, তাহা কি এক হইল?

এখানে ইহাইতো,কথিত গণতন্এ ও জাতীয়তাবাদের বড়
ফাঁকি-বড় ধোকাবাজি!

Chapter 1 Section 27

পরির্বতন বা সংগ্রামের মূল খনি ঐ আসমানে নয়। এখনো
এই মাটিতেই, শ্রমশীল মানুষের উৎপাদন ও সচেতনায়।

Chapter 1 Section 28

মাফিয়াদের সাথেই মাফিয়াদের সংযুক্তি থাকে? বাংলাদেশের
প্রধান মন্ত্রী ও তাহার রাষ্ট্র কি মাফিয়া মুক্ত!

Chapter 1 Section 29

যে সকল রাষ্ট্রের বাজেট পূরণ করা হয় বিশ্ব ব্যাংক ও
বৈদেশিক ঋণের উপর সেই সকল রাষ্ট্রের প্রধান মন্ত্রীগণ
কখনো পুত-পবিএ থাকিতে পারেন না।মাফিয়ারা তাহাদের
চতুর পাশেই বর্ডিগার্ডেরমত বিচরন করে থাকেন!

Chapter 1 Section 30

জাতিয়তাবাদের দোহাই দিয়ে, হিন্দুত্ববাদের যুযু দেখিয়ে বিশ্ব কেন্দ্রীক তাম্বিক বৈপ্লবিক রাজনীতি গড়ে উঠেনা। বিপ্লবী রাজনীতি, অর্থনৈতিক শোষণ বিরুদ্ধী রাজনীতিতে বিশ্বাসী।একদল মাফিয়া-অন্যদল মাফিয়ার বিরুদ্ধে লড়বে, উহা বরাবরেই আমরা দেখে এসেছি। কিন্তু সাধারন মানুষের ব্যাপক পরিবর্তন সেখানে দেখা যায়নি? জনগণকে, পণ্য হিসাবে ব্যবহার করে মাফিয়াগন, রাষ্ট্র ও নেতৃত্ব প্রতিষ্ঠা করে যাচ্ছে!ইহা নূতন নয়। সেহেতু, আমরা রাষ্ট্র ও মাফিয়া বিরুদ্ধী কনছেপশনে (Conception) বিশ্বাসী।

Chapter 1 Section 31

ছয় দফা ছিল মাফিয়া আন্দোলন।ন্যাশনালইজমের আন্দোলন, ফ্যাসিষ্টতন্এ ও নাজিবাদের আগম! নাজি-ফ্যাসিষ্টদের বিজয় হয়েছে পূর্ব পাকিস্তানে তথা পূর্ব বাঙলায়। এখন সেই সকল মাফিয়া-ফ্যাসিষ্টদের আভ্যন্তরিন কলহ চলছে (নব প্রজন্ম ভিত্তিক) ক্ষমতা ও তাহার (PROFIT OR BENIFIT) বেনিফিটের প্রশ্নে? এই অংকটি আমাদের বুজতে হবে।

Chapter 1 Section 32

চিন্তাধারার অপরিপক্ক বয়স হলো বাল্যবয়স। কারন সে বয়সে সাধারণত মাথায় বোঝা থাকেনা, আনন্দ-হৈহল্লা থাকে বেশী।বোবার যেমন দুষমণ থাকেনা ঠিক তেমন।বয়স হবে, ভাবনা-চিন্তা বৃদ্ধি পাবে। ভাল-মন্দ নিয়ে হয়তো প্রতিপক্ষতার সৃষ্টি হবে, কারন বয়স্ক বুদ্ধিমান বিবেক সব কিছুতো মেনেনিতে পারেনা? বুদ্ধিমানদের মাথা ও সব একই ভাবে কাজ করেনা।পৃথিবীর প্রতিটি মানুষের জ্ঞান-বিবেক, শিক্ষা,তাহার জীবন পাঠশালার অভিজ্ঞতারই প্রতিবিম্ব।

Chapter 1 Section 33

রাজনৈতিক সাহিত্য রচনা হয়ে এসেছে সাম্য-শান্তির আকাংখা সৃষ্টি থেকে। সামাজিক অসাম্যতার বিরুদ্ধে। সেই বিবেলিক কাল থেকে বিভিন্ন নবীদের মনে প্রশ্ন উদয় হয়েছিল সামাজিক মালিকানার প্রশ্নে, উথপি(Utopianism)। তাহারা ভাবিতেন যে, সোজাসুজি ঈশ্বরিক ভাবে এই অবস্হার পরির্বতন আসিবে একদিন। এই মতবাদীদেরকে আমরা বলে থাকি যে, নন সোসিয়্যালিষ্ট বা অসমাজতান্ত্রিক।অন্যদিকে সোসিয়্যালিষ্ট উথপিয়ানিষ্টদের ধারণা ছিল যে, এই অসামাজিক,অনেক্য অশান্তির মূল কেন্দ্র যে, শস্য, সম্পদ, উৎপাদন ও তাহার বাজারে স্হান নিয়েছে এবং সেখানে শান্তি, শৃংখলার এবং সাম্য ফিরিয়ে আনার দায়িত্ব স্বয়ং মানুষের।শান্তি, শৃংখলা, সাম্যের আন্দোলনে তাই,মানুষ ধারাবাহিক সংগ্রাম অভ্যহত

ভাবে চালিয়ে যাচ্ছে,বিভিন্ন প্রতিকূল-অপ্রতিকূলতার উপর চেলেঞ্জ রেখে।

Chapter 1 Section 34

যত জ্ঞান, মর্যাদা, সন্মানের কথাই তুমি বলনা কেন, যখন তোমার হাতে অর্থ থাকিবেনা, দেখিবে যে, তোমার সন্মান,মর্যদা কোথায় কিভাবে রক্ষাপায়?

তুমি ধনতান্ত্রিক অর্থ ব্যবস্হায় মড়ালের অতি-স্বল্পদেখ? আমি বিস্মিত তোমার অপরিপক্ক চেতনায়!

Chapter 1 Section 35

ইতিহাস পড়ুন, ইতিহাস দেখুন, তথাকথিত মহারাজ্য, রাজ্য, জাতীয়তা ও রাষ্ট্রবাদের প্রতিষ্ঠাতা কাহারা ছিলেন? সেখানে রাজা-রানীর ছেলে-মেয়েই হয়েছিল, রাজা -রানী, কিন্তু গণতন্ত্রের উৎস কোথায় ছিল? গণতন্ত্রের উৎস কি আধুনিক ফরমে সেই সেখানে জড়িত নয়?? কে এবং কাহারা ছিল গণতন্ত্রের স্রষ্টা? তথাকথিত গণতন্ত্রের প্রতিনিধি রাষ্ট্র-আমলাতন্ত্রএ, এলিটদের অর্থনেতিক সামাজিক অবস্হা কি আপনার দৈনন্দিন জীবনের সাথে হবহু এক ও অভিন্ন?

গণতন্ত্রএ আপনাকে কি দিয়েছে? আপনাকে ভোট দেওয়ার অধিকার দিয়েছে। খাজনা দেওয়া বাধ্যতামূলক করেছে।পুলিশি

ব্যবস্হায় আপনার স্বাধীনতায় হস্তক্ষেপ করার অধিকার নিয়েছে! আপনি গণতন্এ গ্রহন করেছেন,তাহাদের পরিচালনাধীন রাষ্ট্র-ব্যবস্হাকে স্বীকৃতি দিতে? কিন্তু আপনার স্বাধীনতা,স্বাতন্এ্যতাকে স্বীকৃতি দিতে নয়?গণতন্এ আপনার বিধান নয়,বরং শাসক শ্রেণির রাষ্ট্র-বিধান।যাহাকে সরকার বলা হয়।কিন্তু আপনাকে সরকার বলা হয়না! কারন, আপনি জনগণ থেকে খাজনা তুলেন না। জনগণকে নিপীড়ণ করেন না, আপনার কোন পুলিশ বাহিনী নাই, মিলিট্যারী নাই?নির্বাচিত হওয়ার অর্থ ও সামর্থতাও আপনার নাই! আপনার কর্ম পরিচয়, আপনি শ্রমিক-মজুর। কিন্তু এলিট নন। রাষ্ট্রযন্এ আপনার নয়।তাহা পুঁজিপতি-এলিটদের।আপনার ভোটে নির্বাচিত হবে সরকার নামে ঐসকল প্রতিনিধিগন?তাহাদের গঠিত বিচারে শাস্তি হবে আপনার।ভোগতে হবে আপনাকে, আপনার পরিবার-পরিজনকে। ইহার নামই রাষ্ট্র এবং তাহার গণতন্এ। সব মিলিয়ে কথিত সাংবিধানিক প্রথা!!

Chapter 1 Section 36

মাফিয়াদের বিভিন্ন গ্রফ-বিভিন্ন এ্যাজেন্ট।বর্তমান সময়ে বাংলাদেশ সরকার, আওয়ামি লীগ রাষ্ট্র-যন্ত্রটি মাফিয়া আদর্শে পরিচালিত রাষ্ট্র।

Chapter 1 Section 37

প্রতিটি মানুষের সংগ্রাম তাহার রাজনৈতিক ও অর্থনৈতিক অবস্থান কেন্দ্রিক এবং উহাই বিপ্লবের গুরুত্বপূর্ণ তাড়না!

Chapter 1 Section 38

আমার ক্ষুদে জ্ঞান-সফলতার ভিত্তিই আমার বিবেচনার রাজনৈতি-বৈপ্লবিক কন্ঠ! আমি পদলেহন করিতে উপেক্ষা জ্ঞাপন করি তথাকথিত ডান ও বামকে?

Chapter 1 Section 39

বিপ্লব অর্থ কি? ইহা শুধু সংস্কার ও ছাটাই নয়। বিপ্লব অর্থ, উপর থেকে নীচ পর্যন্ত আমূল পরিবর্তন। এবং সেই পরিবর্তনের জন্য বৈপ্লবিক চেতনা,কর্ম-তৎপড়তা সম্পন্ন ব্যক্তিত্ব গড়ে উঠিতে হইবে।

Chapter 1 Section 40

শুধু মানুষের র‍্যাশনাল (Rational) চিন্তাধারাই মানুষকে মুক্তি দিতে পারে। অস্হায়ী ভাব ও স্বপ্ন-কল্পনা আমাদের মনুষ্য

জীবনের বাস্তবতা নয়। বস্তুবাদ বা বস্তুতান্ত্রিক চিন্তাধারা তাহা যাহা ভাববাদ থেকে আলাদা বৈশিষ্টতার দাবি রাখে।

Chapter 1 Section 41

নিজ মাতৃভূমি-পিতৃভূমি ত্যাগ করেছে ঐ সকল ... বর্বর নিকৃষ্ট ন্যাশনালিষ্টগন কেন? বার-বার পদাঘাত করি ওদের ধর্ম-ন্যাশনালিজমকে,উহা ব্যক্তি স্বাতন্ত্র্যতা নয়, মুক্তি নয় বরং এক প্রকার বিশাল উগ্র-সাম্প্রদায়িকতার নামান্তর । যাহাকে ফ্যাসিজম বলা হয়।

Chapter 1 Section 42

১৯৭৭ বা ৭৯ সালের কথা। আমার সেল্টার তখন ২৭ নং বি সি সি লেনে, কাজি জহিরুল হকের বাসায় থাকি। তিনি একসময় ভারত উপমহাদেশে কঃ আন্দোলনের সাথে প্রতক্ষ্ম জড়িত ছিলেন। ভদ্রলোক ছিলেন, ঢাকা-বিক্রমপুর ষোলঘরের "মিয়া" নামে সমব্রান্ত মোছলিম জমিদার বাড়ীর সন্তান।কলিকাতা বিশ্ব বিদ্যালয় থেকে এক ভদ্রলোক "বঙ্গবার্তা" নামে এপার বাংলা-ওপার বাংলার উদ্দেশ্যে একটি সাপ্তাহিক পত্রিকা লিখিতেন। আমি তাহাকে কমরেড সন্মোধন করায় তিনি বিরক্ত বোধ করেছিলেন। কারন, ভদ্রলোক ছিলেন,বাংগালী কংগ্রেসী জাতীয়তাবাদী। তিনি সমাজতন্ত্রী বা

কমিউনিষ্ট মনোভাবাপন্ন ছিলেন না। পত্রিকার উদ্দেশ্য ছিল,দুই বাংলার সংযুক্তি -সংহতি! তৎকালিন বিপ্লবী ছাএ ইউনিয়নের ঢাকা বি:সভাপতি ছিলেন হারুন। হারুন বাস করিত যোগীনগর লেন, মোহাম্মদ তোহার বাড়িতে।তোয়াহা ছিলেন, সাম্যবাদী দলের সভাপতি।হারুনের ফুফা। হারুন এবং তাহার বন্ধু,কুটু আমার কাছ থেকে একটি পত্রিকা নিয়ে তাহাদের পত্রিকা গনসংহতি'তে গ্রীষ্মকালিন একটি হেডলাইন তৈরী করে প্রকাশ করিলেন, "বৃহওর বাংলার আন্দোলন প্রতিহত করুন ।" আমি অভাক হ'লাম তাহাদের তথাকথিত প্রগতিশীল কর্মকান্ডে!

Chapter 1 Section 43

জনগণের পরির্বতন কিসের উপর নির্ভরকরে?স্বয়ং জনগণ, না নেতা-নেত্রীদের কন্ঠ-বানীর উপর? জনগণ, অর্থ কী পৌষ্য, পদলেহী জন-সমাজ?

Chapter 1 Section 44

এ্যার্নাকিজম কোন ব্যক্তি বা দলের(সাবষ্টিটিউট)বা থারিজ করা বস্তু নয়!এ্যার্নাকিজম ব্যক্তি স্বাধীনতায় সমাজ জনগণের পূর্ন-সংহতিতে বিশ্বাসী।

Chapter 1 Section 45

দান করিতে সেই পারে যাহার উধৃত সম্পদ আছে। উধৃত সম্পদের মালিকরা কি খাঁটি মোসলমান? সম্পদ সম্পর্কে উদাহরন সরুপ প্রশ্নতোলা যায় যে, ইসলাম কি বলেছে?

Chapter 1 Section 46

আমরা অর্থনীতি নির্ভরশীল মানব প্রানী।অর্থনীতির যথেষ্ট বিকাশ হয়েছে এবং হচ্ছে, এই পৃথীবিতে কিন্তু তাহার সুষ্ঠ বিলি-বন্ঠন নাই।জীবন-প্রকৃতির নিশ্চয়তায় বাধা কোথায়? তাহা অবগত হওয়া হচ্ছে, সময়সাময়িক রাজনীতি শিক্ষার মূল কথা।

-নৈরাজ্যবাদী কলম থেকে, এস, কোল ।

Chapter 1 Section 47

জন্মগত ভাবে কোন শিশুই অপরাধী নয়, কিন্তু প্রাপ্তবয়স্কদের সমাজ-রাষ্ট্র, শিশুর বেড়ে ওঠা জীবনের ভাল-মন্দের জন্য দায়ী।

Chapter 1 Section 48

Major General Aun San Su was a former terrorist/
nationalist/Stalinist/Communist leader. He was the
father of Aung Suu Kyi. In July 19, 1947 he was
shot down and killed.

Chapter 1 Section 49

শাসক-শাসিকার বিজয়ের অর্থ তাহার তথাকথিত জাতির বিজয় । এই বিশ্বাস নিরাজবাদ বা নৈরাজ্যবাদীদের বিশ্বাস নয়।অন্যথায় বৈপ্লবিক, রেডিক্যাল সাহিত্য, রাজনীতি, কর্মতৎপড়তা থেমে যেত।

Chapter 1 Section 50

America has only one dream: to keep up its superiority over rest of the world. But now the rest of the world is not drunken! America (USA) must understand that.

Chapter 1 Section 51

অপরাধ করে কে? পৃথীবিতে যাহারা প্রসিদ্ধতা অজর্ন করেছে,তাহাদের মধ্যই মানবতাবাদী অপরাধীদের দেখা যায়। ষ্ট্যালিন, হিটলার, মোসলিনী, পিনোচেট, মাকোর্স ... ইত্যাদি ।ওরা কাহারা ছিল? কি বলে ইতিহাস!

Chapter 1 Section 52

স্থায়ী বলিতে কি আছে আমাদের নিজ জীবনে? কিন্তু অস্হায়ী জীবন ও গুরুত্বের বাহিরে নয়।জোর করে জাতির পিতা সৃষ্টি করা, ইতিহাস বিহীন।ইহা বিপদ জনক পদক্ষেপ! ইহা গণতন্ত্রেএবিরোধী পরিবারতান্ত্রিক আধিপত্য রচনার হীন কৌশল।

Chapter 1 Section 53

যাহাদের রক্ত ঝড়া শ্রমে গড়া তোমাদের এই সুখ, শান্তি, কৃষ্টি সভ্যতার দ্বার-প্রান্ত,তাহাদের ভুলে গিয়ে মামুলী মঞ্চের এক গলাবাজকে নিয়ে চলছে তোমাদের হাই-ফাই পরিকল্পনা! তাহাদের ইতিহাস সমুন্নত করে রাখার অগ্রাধিকার নাই তোমাদের রাজনীতিতে! যেন আমিই তোমাদের জন্ম দিয়েছি এবং তোমাদের সৃষ্টি কর্তায় রুপ ধরেছি? তোমরা ডি জেনারেটেড-অধ:পতিত জাতিতে পরিনত হতে চলছ।

আমি বাকশালী ডিকটেটর মজিব শেখ বলছি ।

Chapter 1 Section 54

Bakunin Explains:

"...equality without freedom is the despotism of the State.... the most fatal combination that could possibly be formed, would be to unite socialism, to absolutism, to unite the aspiration, of the people for material well-being... with the dictatorship or the concentration of all political and social power in the State... We must seek full economic and social justice only by the way of freedom. There can be nothing living or human outside of liberty, and a socialism that does not accept freedom as its only creative principle...will inevitably... lead to slavery and brutality."

Mikhail Alexandrovic Bakunin born: May 30, 1844, Pryamukhino, Russia and died: July 13, 1876 Bern, Switzerland.

Chapter 1 Section 55

"রাষ্ট্র" সুফি, কামেল, সাধক নয় যে, ভালবেসে ফু'দিয়ে সজ্জায় শয়ন করে, তাবিজ পরিয়ে অথবা তাহাকে হাতুড়ি পিটিয়ে, কাস্তে দিয়ে কেটে সোজা করা যাবে?

Chapter 1 Section 56

তথাকথিত দেব, দেবী, ঈশ্বর,ভগবান, আল্লাহ, যিহবা'র নামে ওরা রাষ্ট্র-প্রতিষ্ঠান থেকে বিভিন্ন অর্থনৈতিক শোষণ

কেন্দ্রগুলিকে স্হাপন করে এক বিশাল বৈষম্য ব্যবস্হা সৃষ্টি করে রেখেছে।যাহা আল্লাহ'র মহান শক্তিকেই অস্বীকার করে! কিন্তু ওরা বলছে, ওরা আল্লাহর বন্দিগী করে?

Chapter 1 Section 57

রাষ্ট্র-ব্যবস্হা টিকিয়ে রাখার জন্য আপনি সংযুক্ত তাহা হ'লে প্রতিবাদ কেন? তথাকথিত ডেমক্রেসীতো রাষ্ট্রের মহামন্এ! আপনি কি এই মন্এর সাথে সংযুক্ত নন?

রাষ্ট্র আপনাকে গ্রেপ্তার করে, পিটায়, কিলায়,শোষণ করে, অত্যাচার করে এবং দমন করে আপনার কাছ থেকে খাঁজনা আদায় করে, তবুও আপনি রাষ্ট্রকে ভালবেসে যাচ্ছেন! মূলত ভালবাসা কাহাকে বলে আপনি কি আদৌ তাহা জানেন?

Chapter 1 Section 58

এনার্কিজম, রাষ্ট্রবাদী প্রতিবিপ্লবের বিরুদ্ধে একটি দীর্ঘস্হায়ী বিপ্লব! তোমরা জীবন সম্পর্কে জান, বাধা প্রাপ্ত জীবন তোমাকে কি শিক্ষাদেয় সেখান থেকে শিখ।

Chapter 1 Section 59

We have to find out what those religions are and the meaning of a religion. Statism is a big Religion, it is the strongest one among all other Religions!

Statism is the same crap as other religions. Statism is now worldwide, everywhere. It is a pandemic system.

The difference of this system is geographical, financial, political and traditional. It faces from shore to shore, from land to land.

Chapter 1 Section 60

রাষ্ট্র একটি সংগঠন।এই সংগঠনটি সমাজের সর্বোর্চ শসস্এ পাহারাদারীদের সংগঠন এবং উহা পরিচালানাকারীদেরকে সরকার বলাহয়।

Chapter 1 Section 61

পৃথিবীর রাষ্ট্রগুলি সাম্রাজ্যবাদী পুঁজির শাখা-প্রশাখা। রাষ্ট্রবাদের বিরুদ্ধে সংগ্রাম তথা সাম্রাজ্যবাদ বিরুধী সংগ্রাম তাহাতে পার্থক্য কোথায়? লেনীনবাদীরা কি জবাব দিবেন?

Chapter 1 Section 62

Lenin wrote, Imperialism is the highest stage of Capitalism (in 1916.) লেনীনবাদীরা তাহার জবাবে দেখুন, বিশ্ব এখন কোন স্তরে, কোন পর্যায়ে আছে?

Chapter 1 Section 63

রবিন্দ্রনাথকে তাহারা চিনে সাহিত্যিক হিসাবে। রবিন্দ্রনাথকে আমি চিনি লুঠেরা জমিদার হিসাবে! এখানেই আমাদের পরস্পর দ্বন্দ্ব। সাহিত্য এবং রাজনীতি পরস্পর সংঘর্ষিত সেই স্হানটিই রবিন্দ্রনাথের। আমি একজন প্রাক্তন মার্কসবাদী। তাই, ব্যক্তির পরিচিতি তাহার শ্রেণী অবস্হান কেন্দ্রীক এবং শ্রেণী সংগ্রামের ইতিহাস সেখানেই।

Chapter 1 Section 64

পৃথিবীতে এমন কি কোন সুপ্রসিদ্ধ মেধাবী আছেন বা ছিলেন যাহার অর্থ-সম্পদের সাথে কোন সম্পর্ক ছিলনা? মেধার যন্ত্র,ও সৃষ্টি কোথায়?

মেধা ব্যতিত কৃতকার্যতা অসম্ভব?তথাকথিত মেধাবীগন, মেধা ক্রয় করে থাকেন, শ্রমিকের রক্ত চুষে সেই শ্রম শোষণ দ্বারাই!

Chapter 1 Section 66

THERE IS ONE RELIGION MORE DANGEROUS THAN ANY OTHER. IT HAS BEEN RESPONSIBLE FOR MORE MURDER AND SUFFERING THAN ALL OTHERS COMBINED. ITS FOLLOWERS BLINDLY ACCEPT ITS RHETORIC WITHOUT QUESTION, WHILE ALLOWING THEMSELVES TO BE ENSLAVED BY ITS POLICIES. THIS RELIGIONS WORSHIPPERS ARE SO INURED THAT THEY HAVE ACCEPTED ITS RULES AS LAWS AND WILL OBEY THEM EVEN TO THEIR OWN DETRIMENT.

THIS RELIGION IS CALLED

STATISM

Chapter 1 Section 67

রানীতন্ত্রএ, রাজতন্ত্রএ, রাষ্ট্রতন্ত্রএ তথা এলিটতন্ত্রএর ইমারত তৈরী ও রক্ষার ভিত্তি কোথায়? বর্তমান বিশ্বে আন্তর্জাতিক ক্যাপিটেলইজমে নয় কী? এর খোদ নির্মাতা কাহারা? দাসত্ববাদ, দলবাদ, লেজুরবাদ,পদলেহী আধিপত্যবাদ, তথা শোষণ ও বৈষম্য, "ক্যাপিটেলইজমের মৌলিক শক্তি।" ঐ সকল অপশক্তি টিকে আছে, রাষ্ট্রের ছত্রছায়ায়! অর্থাৎ তাহাদের মিশ্রিত মিলনেই গঠিত, রাষ্ট্র-এলিটতন্ত্রএ। এ্যানার্কিজম হচ্ছে, আপনার ভয়েস-আপনার কন্ঠ! আপনার মুক্তির লড়াই।

Chapter 1 Section 68

আমরা রাষ্ট্রকে শোষণ করিনা বরং রাষ্ট্রতন্ত্রএ আমাদের কর্ম-শক্তিকে শোষণ করে টিকে থাকে।নৈরাজ্যবাদ বিশ্বের কোথায়ও রাষ্ট্র-ব্যবস্হার সাথে তথা এলিটতন্ত্রএর মাফিয়াদের নিকট বিক্রি হওয়ার দর্শন নয়, বরং মাফিয়া তন্ত্রএকে বিলুপ্ত করার দর্শন। আমরা রাজনীতি করি ক্ষমতায় অংশিদারী হওয়ার জন্য নয় । আমরা রাজনীতি করি ক্ষমতাকে বিলুপ্ত করে প্রকৃতির অধিকারকে মুক্ত করার জন্য । স্বল্প সংখ্যক মানুষের মুনাফার কারনে গোটা পৃথিবী তথা প্রকৃতির জীবন জলবায়ু আজ ধংসমুখি ! আসুন, নিজেকে সারা দিন । ন্যায়-নীতি, সাম্য-মৈত্রিকে জোড়দার করে তুলুন । রাষ্ট্র-বিশ্ব সাম্রাজ্যবাদের শাখা-প্রশাখা।এইসকল শাখা-প্রশাখা দ্বারা

সাম্রাজ্য-মুনাফা করছে সুতরাং সাম্রাজ্যবাদ বিরুদ্ধী ভূমিকা হবে, রাষ্ট্রযন্ত্রএ বিরুদ্ধী ভূমিকা। নৈরাজ্যবাদ এই বৈপ্লবিক দৃঢ়তা পোষন করে।

Chapter 1 Section 69

মাস্কেল দেখিয়ে নয়, বুদ্ধিমত্তার মাধ্যমে রাষ্ট্র নামক অবৈধ এলিটতন্ত্রএ থেকে আমাদের মুক্তি লাভ করিতে হইবে।

Chapter 1 Section 70

কাপুরুষ নর-নারীগণ পরস্পর থেকে বিচ্ছিন্ন হইতে পারে, রাষ্ট্রকে তালাক দিয়ে রাষ্ট্র থেকে আত্ম-মুক্তির পথ খুজে নিতে পারেনা?

Chapter 1 Section 71

ভারত বর্ষে জমিদার কাহারা ছিলেন?সেই সকল ভারতীয়গন, যাহারা ভারতের অসহায় জনতাকে ভক্তির নামে তাহাদের দেবতুল্য পদতলে রাখিতেন। আবার গদ্য, পদ্য, সাহিত্য লিখিতেন তাহারাই। এক কথায় এই যে, সম্পদ এবং শিল্প-সাহিত্যের মালিক ও ছিলেন তাহারা।সুদূর বর্হি বিশ্বের-

দেশগুলিতে যাতায়াত ও সংযোগ ছিল শুধু তাহাদেরই একতিয়ার ভুক্ত। বিশাল ভূসম্পত্তির মালিক হয়ে মজুর ও কৃষক প্রজাদের শোষণ করিতেন তাহারাই। ঐ সকল জমিদারদের খয়ের খাঁদেরকে বলা হইত তালুকদার। জমিদারদের অপকর্মের উপদেষ্টা হয়ে জমিদারদের অত্যাচারে সহায়তা করিতেন, অংশ নিতেন ঐ সকল কুখ্যাত জমিদার এবং তালুকদারগন। যাহা বর্তমান কালে রাষ্ট্র-করে থাকে, তাহার বিভিন্ন দপ্তরের মাধ্যমে।

Chapter 1 Section 72

রাষ্ট্র যন্ত্রকে পরিত্যাগ করার শিক্ষায় সচেতন হওয়া ব্যতিত কোথায়ও স্বাধীনতা উদিত হয়না, হবেনা স্বাধীনতার জন্য সংগ্রাম দীর্ঘজীবি হোক!

Chapter 1 Section 73

ষ্ট্যালিনিষ্ট ও ন্যাশনালিষ্ট-ফ্যাসিষ্টরা ভুল রাজনীতিতে জনগণকে ব্যবহার করছে! রাষ্ট্র-এলিটতন্ত্রের উপর নির্ভরশীলতা দ্বারা জমিতে ফসল উৎপাদনে ভূমি-কৃষক-কৃষাণিরা কখনো নিজ স্বাধীনতা স্হাপন করিতে পারেনা। স্বাধীনতা নিজ বিবেক ও সচেতনতা থেকে জন্মনেয়। তাহা ব্যতিত কোথায়ও প্রকৃত স্বাধীনতা নাই।

Chapter 1 Section 74

শিক্ষা থেকেই মানুষ শিখে কিন্তু পদলেহীদের গ্রহনীয় কোন শিক্ষা নাই? দল ও আধিপত্যের পদলেহন ব্যতিত!

Chapter 1 Section 75

Anarchists do not rational divide between males and females. Both are natural human beings. Why do some people make noises to divide major needs of men and women?

Chapter 1 Section 76

You may know anarchists form their living struggles, historical, political backgrounds and activities.

ANARCHISM

ভারতীয় সন্ত্রাসী অস্ত্র ও ট্রেনিংয়ে পূর্ব পাকিস্তানের বিলুপ্তি, বাংলাদেশ নামের সৃষ্টি। ভারতের প্রধান মন্ত্রীর এই দেশে আগমন সেইহেতু, মোটেও অন্যায় নয় । বিচ্ছিন্নতাবাদীদের বিজয়, সন্ত্রাসবাদের বিজয়। তাহা ভুলে যাওয়া সঠিক নয় ? ইতিহাস তাহার স্বাক্ষী ।

Lt. Gen. Niazi signing the Instrument of Surrender under the gaze of Lt Gen Aurora in Dacca, 16 Dec. 1971.

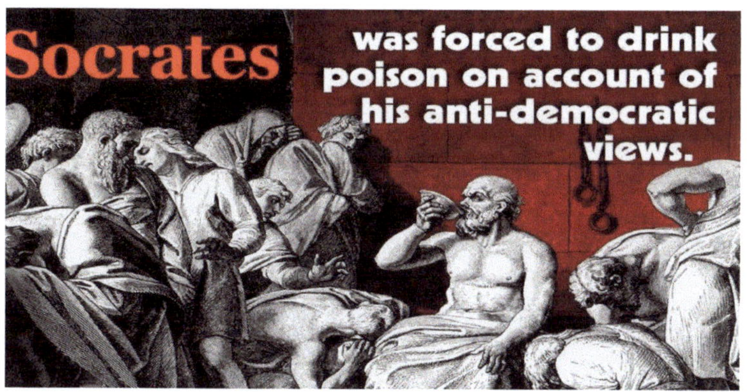

Chapter 1 Section 79

Socrates
(470-399 BC)

- The earliest Greek philosopher widely recognized.

- Living in Athens Greece, Socrates' way of life, character, and thought exerted a profound influence on ancient and modern philosophy.

- Not how does the world work but how does one live ***a moral life?***

- Greek philosopher whose way of life, character, and thought exerted a profound influence on ancient and modern philosophy.

Chapter 1 Section 80

People should know who those Democrats are. They should know who constructed and found Democracy for the first time in Athens. And what was the reason for that...?

Chapter 1 Section 81

সামন্তবাদ থেকেই পুঁজিবাদের সৃষ্টি বা আগমন ঘটেছিল। সামন্তবাদই পুঁজিবাদের জন্মদাত্রী।

Chapter 1 Section 82

শোষণতন্ত্রএই রাষ্ট্রের শক্তি।ভারতীয় কৃষক বিদ্রোহ কি তাহা প্রমান করেনা? একদিকে চৌর্যবৃত্তি, দস্যুতা, জোর-দখল, প্রজা শোষণ, অন্য দিকে বিলাসীতা, কাব্য, সংস্কৃতি, গীতি, ইহাই সামান্তবাদ থেকে পুঁজিবাদে অবস্হানরত রাষ্ট্রবাদী কনষ্টিটিশন!

Chapter 1 Section 83

বিভিন্ন ধর্ম, জাতি-জাতীয়তা সৃষ্টি করে মানবতাকে বিভক্ত করেছে যাহারা,তাহারাই রাষ্ট্রতন্ত্রের পুতুল ও কট্টর সাম্প্রদায়িক শক্তি।

Chapter 1 Section 84

I am Not a Man I am Dynamite: Friedrich Nietzsche

The surest way
to corrupt a
youth is to
instruct him to
hold in higher
esteem those
who think alike
than those who
think
differently.

Friedrich Nietzsche

Chapter 1 Section 85

রাষ্ট্র তত্ব বা রাষ্ট্রবাদ সবচেয়ে বড় সাম্প্রদায়িকতা। এই সাম্প্রদায়িকতা শিশুদের শিক্ষাদেয় জাতি, জাতীয়তা, দেশপ্রেম তথা বর্নবাদ ও ফ্যাসিজম ।

Chapter 1 Section 86

ব্যক্তি স্বাতন্এ্যতার মধ্যেই ব্যক্তির পরিচিতি।এই স্বাতন্এ্যবোধই বিচার করিবে মানুষ ও অমানুষদের পরিচয়।

Chapter 1 Section 87

তাহারা ডক্টরেট হচ্ছে, প্রসিদ্ধ শিক্ষায় পান্ডিত্য অজর্ন করেছে পৃথীবির সেরা বিশ্ববিদ্যালয় গুলো থেকে, কে ছিল তাহাদের পৃষ্টপোষণার ভান্ডার ও মূল শক্তি? লজ্জা, ঐ সকল জাতীয়তাবাদ ও জাতীয়তাবাদী মুখে!

Chapter 1 Section 88

ন্যাশনালইজম সৃষ্টি করেছে ন্যাশনাল সুপ্রিয়রিটি [SUPERIORITY] তথা সাম্প্রদায়িকতা, নাজিতত্ব, বর্নবাদ,ফ্যাসিবাদ ইত্যাদি। রেসিষ্ট কাহারা?

ন্যাশনালিষ্ট,প্রেট্রিয়ট-ফ্যাসিষ্ট, নাজীবাদী যাহারা শুধু তাহারাই।

Chapter 1 Section 89

শিকলাবদ্ধ চিন্তাধারার পরির্বতন ব্যতিত, আধিপত্যবাদের কর্ম-কান্ড, প্রভাব এবং নীতি-রীতি, শিক্ষা-সংস্কৃতি থেকে মুক্তি লাভ করা হবে অসম্ভব?

Chapter 1 Section 90

আমি বাস্তবতার কথা বলছি । আপনি বাস্তববাদী হউন তবে, রাজনীতি-বিধদের উলংগ চেহারা দেখা যাবে।তাহারা আর নেতা বা নেত্রী হওয়ার সৌখিনতা প্রকাশ করিবেনা।আপনি থাকিবেন প্রকৃত গুগা-বদমায়েসদের হাত থেকে মুক্ত!

Chapter 1 Section 91

এলিটরা কা'দের অর্থ সম্পদ ও শ্রমে তৈরী হয়? রাজনীতি ও অর্থনীতির মূল কথা কি সেখানে নয়?

Chapter 1 Section 92

বিশ্বাস ঘাতক জাতির ভবিষৎও বিশ্বাস ঘাতকতায় পরির্বতিত হইবে। কারন বিশ্বাস ঘাতকত কমাবলীকেই স্বাধীনতা ও বাংগালী জাতির মুক্তি বলে, তাহারা বিশ্বাস ঘাতকরা, সংজ্ঞায়িত করেছেন। জাতিয় সম্প্রদায়িকতা একটি নির্ঠুর বর্বরতা, ইহা ফ্যাসিজম ও র‍্যাসিজমের শিকড়! নৈরাজবাদঃ র‍্যাসিজম,-ফ্যাসিজম বা ন্যাশনালিম ও তাহার উপরি কাঠামো, রাষ্ট্রতন্এে বিশ্বাসী নয়।

Chapter 1 Section 93

চিন্তাধারা ও দৃষ্টিশক্তির সুদৃঢ়তা ও গভীরতা ব্যতিত কেহই মুক্তি অর্জন করিতে পারেনা। ব্যতিক্রম বিশেষ পরিচর্যা।

Chapter 1 Section 94

ভালবাসার কি শেষ আছে? কিন্তু কোন ভালবাসার কি রুপ!ভালবাসার জানা, অজানা রহস্যতো সেখানেই!

Chapter 1 Section 95

লক্ষ্যহীন-উদাসীন কোন কর্ম সফলতা অজর্ন করিতে পারেনা।কিন্তু সকল কর্মই উদাসীন ও লক্ষ্যহীন নয়।

Chapter 1 Section 96

সচেতন ব্যক্তির মাথার মগজে প্রভু রাষ্ট্রের মতবাদ চাপিয়ে দেওয়া যায়না। বিশ্বাসী পদলেই দাস-দাসীরা তাহা স্বেচ্ছায় আনুগত্যের সাথে গ্রহন করে ।বিবেকের পার্থক্যতা ওখানেই রাষ্ট্রতন্এ বা রাষ্ট্রবাদ এবং বিপ্লবকে বুজার?

Chapter 1 Section 97

রাষ্ট্র অথই প্রভুতন্এ সুতরাং আপনি প্রভুতন্এের অণুসারী না বিলুপ্তকারী উহাই আপনার রাজনৈতিক অবস্হান, রাজনৈতিক পরিচিতি।

Chapter 1 Section 98

The Understanding meaning of Anarchism:

It is the philosophy of a social order based on Liberty unrestricted that man made law; the Theory that all forms of government rest on violence and are therefore wrong and harmful, As well as unnecessary.

-Quote-

Chapter 1 Section 99

পৃথিবির অন্যায়কারী জালিম(রা),তেহরান বা ডেসপোট, ফ্যাসিষ্ট, নাৎসি, রেসিষ্ট উগ্র-ন্যাশনালিষ্ট, ধর্মান্ধকারী সম্প্রদায়ের মাথা একটি। তোষন নীতির উহাই প্রভুত্ব। অ্যান্যাকিজম বা নৈরাজ্যতা তাহার জবাব।

Chapter 1 Section 100

এক মাথার কু-পরামর্শে পৃথীবিতে বহু ক্ষয়-ক্ষতি সৃষ্টি হয়েছে এবং এখনো হচ্ছে! মানব দেব-দেবীদের পুঁজাকারীরাই "ডেমক্রেসী" নামক মানবতন্ত্রের সংবিধান সৃষ্টিকারী এবং আজকের রাষ্ট্র প্রেমিক! ঈশ্বরিক মনোতত্ত্বের ক্ষুদ্রতম চিন্হও এখানে নেই?

Chapter 2

Authority instructed, prescribed and sent money along with weapons and even force of army to other loyal state authorities! This is one of the main functions of statism. Either you knew that or you ignored it.

Chapter 2 Section 2

জনগণ, একমাএ জনগণের মগজেই নির্ভর করে পরিবর্তনের উজ্জলতা এবং শাসক শ্রেণীর অবসর,-সমাপ্তি, – এবং উচ্ছেদ।

Chapter 2 Section 3

প্রকৃত বন্ধু সে যে, জীবন-জীবিকার উপায় খুলেদেয়। মামুলি আড্ডাদিয়ে চায়ের দোকানে রাজনীতি করে অর্থনৈতিক সমস্যার সমাধান আসেনা?

Chapter 2 Section 4

অর্থহীন ডেমক্রেসীর নেতা-নেএী হয়েছে যাহারা অবশেষে তাহাদের শীর্ষস্হানীয়রাই রাষ্ট্র সরকার গঠন করেছে! সুতরাং নিপীড়িত মানুষদের সচেতন হওয়া চাই। "সচেতনা" হচ্ছে, মুক্তিকামী জনতার পাঠশালা।

Chapter 2 Section 5

নেতা-নেএীদের জন্য আন্দোলন করা এবং রাষ্ট্র-সরকারের অবস্হানের উপর জয়ধ্বনী তোলা, কোথায় তাহার মৌলিক ব্যবধান?

"রাজনৈতিক ও অর্থনৈতিক সমস্যার মূল কেন্দ্র কোথায়?" একজন এ্যার্নাকিষ্টকে এই প্রশ্নের গভীরতায় যেতে হবে।কারন,তাহাই অ্যান্যার্কিজম বা নৈরাজ্যবাদের কথা।

Chapter 2 Section 7

লেনীনবাদ, লেনীনবাদী শ্রমিকদের দ্বারা অবনমিত ঘৃণীত ও প্রত্যাহার করা হয়েছে।কারন,উহা আদো শ্রমিক শ্রেণির মতবাদ নয় বরং রাষ্ট্র নামক অপ-শক্তির এলিট শ্রেণির মতবাদ! লেনীন ছিলেন জারের শত্রু কাইজারের এ্যাজেন্ট? রাশিয়ান সম্রাটকে (**জার**) বলা হইত, এবং জার্মান সম্রাটকে (**কাইজার**) বলা হইত।

Chapter 2 Section 9

Creations of irrational influence, domination in someone's brain with bad influences or other things are earthly RELIGIONS!

Chapter 2 Section 10

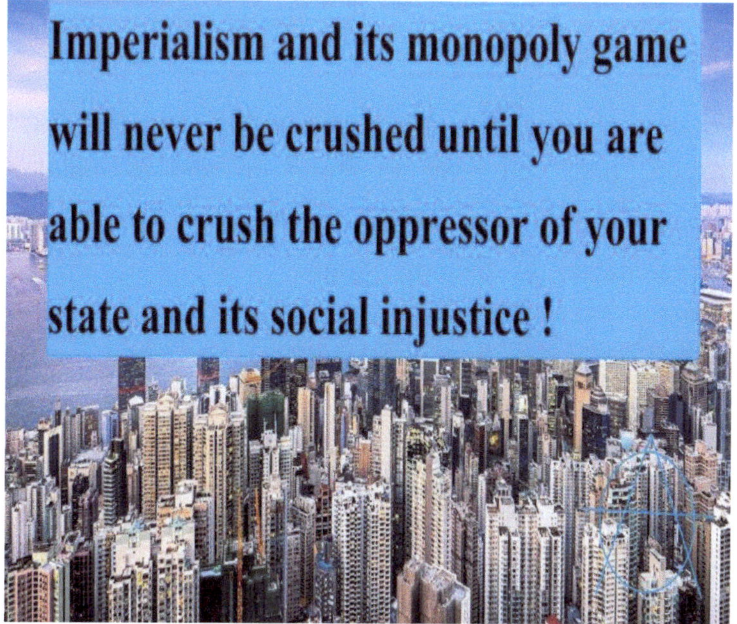

Chapter 2 Section 11

বিপ্লবী আন্দোলনের ডাক, দুণিয়ার শ্রমিক-মজুর এক হও! প্রতিক্রিয়াশীলদের ডাক, দুণিয়ার নারী এক হও ! অথবা দুণিয়ার পুরুষ একহও ! এই, এরাই সংশোধনবাদী-প্রতিবিপ্লবী। ক্যাপিটেলইজমের পদলেহী, রাষ্ট্র ও রাষ্ট্রের অংগ হিসাবেই চলছে এদের রাজনেতিক কর্ম-কান্ড !

Chapter 2 Section 12

No other theory can make you perfect and free from statism, until you have to stand up and to make a choice with your own theory for your own representation to become free.

Chapter 2 Section 13

The Bolsheviks beat the Mensheviks, and eventually took control of the country after Feb. Revolution 1917. This a picture of Julius Martov the leader of Mensheviks.

Chapter 2 Section 14

বাস্তবতা এড়িয়ে, সত্যের সন্ধান করা কিভাবে সম্ভব? যুক্তি ব্যতিত কোন তর্ক নাই। যুক্তিহীনতা জ্ঞানীর পরিচয় বলা কি সঠিক? আমি 'অনুতপ্ত।' কথাটি বলাই জ্ঞানীর পরিচয় নয়। বরং জ্ঞানীকে জ্ঞানের জগতে ভেবে চিন্তে কথা বলিতে হয়।

Chapter 2 Section 15

চোরা নেতারা, চুন্নি মহিলা নেত্রীরা, চোরা ধর্ম যাজক বা তথাকথিত আলেমরা, আল্লাহর কথা বেশী-বেশী বলছেন কিন্তু তাহাদের অর্জিত সম্পদের পাহাড়গুলি কি সমাজ জীবনে অধর্ম,

বৈষম্য সৃষ্টি নয়? তাহা হইলে তাহারা নিজেরা কি আল্লাহ তায়ালার নিদের্শ, হুকুমকে মেনে নিল?

Chapter 2 Section 16

কোথায় স্বেরতন্ত্র নাই ? স্বেরতন্ত্রের বিভিন্ন অবস্হান, বিভিন্ন কৌশল, বিভিন্ন পোষাক, বিভিন্ন বানী।বাকশাল মজিবুর রহমান কি স্বেরতন্ত্রী ছিলনা। রক্ষী বাহিনীর কাজটি কি ছিল ? বর্তমানে রাষ্ট্রবাদী-বংশবাদীদের কাজগুলি কি? বিরুধীদলগুলিকে পুতুলে পরিনত করা হয়েছে, আবার কিছু কর্ন্ঠ লুপ্ত করে রাখা হয়েছে।উহা কি স্বেরতন্ত্র নয়-স্বেরতন্ত্রের কাজ নয় ??? স্বেরতন্ত্র একটি চরম অরাজগতা। সুতরাং নিরাজ্যতাই স্বেরতন্ত্র মুক্ত-রাষ্ট্র-মুক্ত শান্তির পথ। মুক্ত মনার অর্থ কী? আপনারা অনেকেই মুক্তমনা হইতে চাচ্ছেন।কিন্তু তাহার বাস্তবতার পক্ষে নীড়ব থাকা উচিৎ নয়!

Chapter 2 Section 17

Communal way of independence or Capitalist way of liberty? What is liberty at all for you?

Chapter 2 Section 18

"He is working according to our wishes," German military leadership said by Lenin. Was Lenin a Bolsheviks terrorist?

Chapter 2 Section 19

যাহারা আমাকে চায়, আমাকে ভালবাসে তাহারা কি আমার উর্পাযন ব্যবস্হার গ্যারান্টি দিবে? না আমি কলুর বলদের মত স্বেচ্ছায় তাহাদের ঘানি টেনে যাব?

Chapter 2 Section 20

দেশ বিভক্তিকে স্বাধীনতা বলা হয়না বরং অর্থনৈতিক ভাবে স্বয়ং সম্পূর্নতা অর্জন করাকে স্বাধীনতা বলা হয়। সেহেতু, ব্যক্তি স্বাধীনতাকে স্বাধীনতার জননী বলা হয়।

Chapter 2 Section 21

ভারতীয় এ্যাজেন্টরা বালুচিস্তানের বিভক্তি চায়! কিন্তু কাশ্মির ভারত থেকে বিভক্ত হোক, তাহা তাহারা চায় না, কেন?

Chapter 2 Section 22

বালুচি বালুচ রেজিমেন্ট পূর্ব পাকিস্তানের স্বাধীনতার বিরুদ্ধে লড়েছিল! বালুচ পাকিস্তানের প্রদেশ।

Chapter 2 Section 23

সততা ব্যতিত, কন্ঠ শক্তি ব্যতিত, সচেতনতা ব্যতিত কোন অপরিমান সম্পদের অধিকারী নই, বাংলাদেশের অসৎ দল ও নেতা-নেত্রীদেরমত। বাস্তবতা বিপ্লবী রাজনীতির ভিত্তি, এই মত দৃঢ়তার সাথে বিশ্বাস করি এবং তাহা পোষণ করে চলছি।

Chapter 2 Section 24

তৎকালিন মস্কো প্রকাশনীর ভারতীয় সাহিত্যিকদের তরজমা, লেনীনবাদী-ষ্ট্যালিনবাদীবই পড়ে বাস্তবতাকে হারিয়ে ফেলেছে ওরা! হ্যা, আমিও একসময় চরম অবাস্তব পথে হেটে ছিলাম। লেনীন, ছিল খোদ জার্মান কাইজারের পালিত এ্যাজেন্ট। তাহা বুজে উঠার মসলা ছিলনা হাতে ও পারিপার্শ্বিক গ্রন্থাগারে।

Chapter 2 Section 25

ভুল ইতিহাস তৈরী করে রক্ষা পাবেনা কেহ। কে চিরস্হায়ী হতে পেরেছে? জনশক্তি সর্প নয় যে, তাহাদেরকে দুধকলা দিয়ে পোষা যাবে?

Chapter 2 Section 26

নিয়মতান্ত্রিক পথে বাঁধা পেয়ে জনগণ, অস্ত্রহাতে নিতে শিখে। ইহা সমগ্র বিশ্বের রাজনৈতিক ইতিহাসের সুস্পষ্ট দলিল। ইতিহাসের পাতা খুলে দেখুন!

Chapter 2 Section 27

বাংলাদেশে সব মুখাস্থ বিদ্যায় পন্ডিত! পন্ডিতদের শিক্ষার পর, নিজ মগজে থেকে শিক্ষা ও জ্ঞানকে ফুটিয়ে তোলার শক্তি যেন নাই মোটেও তাহাদের?

Chapter 2 Section 28

আমাদের জ্ঞান আরোহন বা বিদ্যা শিক্ষা কেন? কর্তব্য পালনের জন্যই শিখা ও শিক্ষা।যাহারা শিখার মত শিখে তাহারা কর্তব্য এড়িয়ে যেতে পারেনা।

Chapter 2 Section 29

রাষ্ট্রযনএর ভূমিকা, "স্বৈরতন্ত্রী ।" তাহা যেই কোন ধর্ম বা মতবাদী হোকনা কেন।রাষ্ট্রযনএর স্বার্বভৌমতা হচ্ছে, তাহার আধিপত্য, তাহার গড়া সিস্টেম। জ্ঞানী-মুর্খ মাতালরা তাহা বুজিতে চায়না যখন তাহাদের দুর্নীতি যুক্ত অবৈধ কর্ম-কান্ড, স্বার্থ, তাহার সাথে ওতপ্রোত ভাবে জড়িত থাকে?

Chapter 2 Section 30

রাষ্ট্র বা কোন তয় শক্তির নাচের পুতুল নয়, বুটলিকার নয়! মানব সন্তানকে নিজের বিবেক ও আত্মসম্মান নিয়ে বাঁচিত হয়। উহাকে বলা হয় দেশ বা সমাজ।

Chapter 2 Section 31

রাষ্ট্রকে নয়, আপনাকে আপনি স্বাধীন করুন! শাসিকা-ও শাসক শ্রেণির স্বাধীনতা আপনার স্বাধীনতা নয়।

Chapter 2 Section 32

ভুলে যাবেন না যে, নিজ সত্বা, সচেতনা, বিবেকের আইডেন্টিটি বহন করে। যাহা আপনার এবং আমার মনুষত্বের প্রতিচ্ছবি।

Chapter 2 Section 33

Nathuram Godse who killed Gandhi got the wrong spirit from Hindu nationalism. He accused Karamchand Gandhi for attentively building up Pakistan for Muslims out of India.

Therefore, he shot and killed GANDHI. Nathuram did not fight for his own freedom. He was just an instrument of a conventional religion.

Chapter 2 Section 34

প্রভু হটিয়ে-নিজে প্রভু হওয়া ন্যাশনালিজমের ধাঁধা!যেমন ডাকাত তাড়িয়ে নিজেরাই ডাকাতি করা বৈকি ?

Chapter 2 Section 36

কর্তৃত্ববাদ আমরা প্রত্যাখ্যান করি। রাষ্ট্রবাদ, জাতীয় বর্ণবাদ, বা ফ্যাসিবাদী তথাকথিত রাজনৈতিক তৎপড়তা, নৈরাজ্যবাদের মৌলিক আদর্শ বিরুদ্ধী।

যাহাদের ব্যক্তি চরিত্রে কোন জাতীয়তার চিন্হ থাকেনা, তাহাদের জাতীয়তাবাদ শুধুমাএ বিভ্রান্তি! জাতীয়তাবাদ

সামন্তবাদী শ্রেণীর তৈরী   ধাঁধা ও নেশা সৃষ্টির বিষাক্ত আফিম!

Chapter 2 Section 37

YOU HAVE TO KNOW WHAT ANARCHISM IS!
READING AND OBSERVING AROUND YOU WILL
HELP YOU TO UNDERSTAND **A N A R C H I S M.**

Chapter 2 Section 39

So called nationalism, is an exploitation tactics of the privileged elite class to establish national rules. And therefore, I oppose it as an anarchist.

Chapter 2 Section 40

পৃথীবিতে ক্লেস সৃষ্টি করে শিক্ষিত অতিলোভী ইতর সম্প্রদায়ের প্রাণীগুলি তাহা ছাড়া ক্লেস বা সংঘাত সৃষ্টি করার ক্ষমতা রাখে কে?

Chapter 2 Section 41

শুধু ধর্মগুলিই নয়, বিভিন্ন মতবাদগুলিও পরস্পর সংঘর্ষিত! কারন প্রতিটি ধর্ম ও দর্শনে তাহার নিজস্যতা আছে।এই নিজস্য অবস্হান সৃষ্টি করাই তাহাদের সংগ্রামের মূল লক্ষ্য।

Chapter 2 Section 42

শাসক শ্রেণীর তোষামোদ কারীরাগন, গণ-জাগরণ সৃষ্টি করিতে পারেনা। প্রশাসন দমন-ব্যবস্হার উচ্ছেদ,গণ-জাগরনে মূখ্য বৈপ্লবিক ভূমিকা অত্যাবশ্যক।

Chapter 2 Section 43

শ্রেণি অবস্হান অর্থাৎ অর্থনৈতিক ও রাজনৈতিক চেতনা ব্যতিত গণজাগরন অসম্ভব? রাজনীতি ও অর্থনীতি একই সুএে গাথা। তাহা না হ'লে কেন রাজনীতি ও অর্থনেতির জন্য মানুষের সংগ্রাম?

Chapter 2 Section 44

Chapter 2 Section 45

Nationalism is a territorial fantasy between humanity! It is neither moral nor ethical right to divide common humanity within a man made authoritarian constitution!

Chapter 2 Section 46

যতই নীতির বানী ছড়ানো হোক না কেন,তথাকথিত মহান ব্যক্তিদের প্রকৃত প্রকল্পগুলির উৎস কি ছিল? অর্থ বা সম্পদের জোগান কে দিতেন তাহা জানাই হবে, তাহাদের প্রকৃত পরিচয়!

Chapter 2 Section 47

মানুষের বহু রুপী বিশ্বাস গভেষণায় দেখা যায় যে, মূলত (আদোতে) সেই সকল মিশ্রিত বিশ্বাসগুলিই তাহার চারিত্রিক ধর্ম।

Chapter 2 Section 48

They love the fake nationalism but not individual knowledge and thought!

Chapter 2 Section 49

পুঁজিবাদী সাম্রাজ্যবাদের ঝান্ডা বহনকারীরা "জাতীয়তাবাদী ও দেশপ্রেমিক বলে চিৎকারদেয়!"ওরাই বাংলাদেশের স্রষ্টা এবং তথা কথিত ফ্রিডমফাইটার? সমাজতন্এ কাহাকে বলে,আওয়ামি লীগ ও তাহার বিভিন্ন মোর্ষা,তাহা জানেনা কিন্তু তাহাদের পতাকায় খঁচিত করা হয়েছে সমাজতন্এ? ইন্টারন্যাশনাল ক্যাপিটেল-ইনভেষ্টমেন্ট এবং ইন্টারেষ্ট (লাভ, সুদ ইত্যাদি) হচ্ছে, তাহাদের সমাজতন্এ!

Chapter 2 Section 50

I disagree to salute to nationalists, whose political character practically belongs to brutal fascist patriots!

Chapter 2 Section 51

Political nationalism is an inhuman racial prejudice!

Chapter 2 Section 52

What type of nationalism is playing in their brain and boiling in their blood?

Chapter 2 Section 53

Subhash Chandra Bose and his fake nationalism. He tried to collaborate with Nazi's, but they denied him.

Chapter 2 Section 54

Scubas Chandra Bose and his Indian nationalism !

Chapter 2 Section 56

What is right? It is not a demanding matter for those who resist it! You have to be strong to win and save your rights.

Chapter 2 Section 57

Dialectical Materialism manifested:

"What else has the history of idea proven, then that intellectual production changes it character in production included? The ruling idea of each age has its ruling class."

Chapter 2 Section 58

What is humanity?

You restricted my right of freedom to express my rightful opinions and to satisfy my natural right. Such matters are not human rights at all!

Chapter 2 Section 59

What is a system?

It is elite supremacy. The system does not work automatically without human functions. Democracy teaches you nothing but to choose it, not to obey it, and to select it. It instructs you to have faith in it and to trust it.

Chapter 2 Section 60

আমি ধার করা সাহিত্যে বিশ্বাসী নই।স্বাধীনতাকামী জনতা!রাষ্ট্র-আধিপত্যশীলতার বিরুদ্ধে জেগে উঠুক, এবার তোমার মগজ-মস্তিষ্ক। ব্যক্তিস্বাতন্এ্যতা ব্যতিত প্রতিষ্ঠিত হয়না কখনো স্বাধীনতা! তুমি নিশ্চয় জান এই কথা? পরিবারতনএের সশস্ত্র বাধা ভেদ করে অজর্ন করিতে হবে,তোমাকে প্রানের স্বাধীনতা। হে মানব, উচ্ছে রেখ তোমার শির। কূণির্শ, পদলেহীতায় নোংরা হ'তে দিবেনা কখনো তোমার পবিএ শির!

Chapter 2 Section 61

সকল ব্যথার কারন একনয়? যাহারা মানুষকে শোষণ করে,দমন করে, স্বীয় প্রভুত্ব সৃষ্টির উচ্ছ বিলাসিতায় তাহারা দুঃথি মানুষের দুঃখের সাথে এক নয়!প্রধান মন্ত্রী হাছিনারও দুঃখ আছে? আবার তিনি মানুষকেও দুঃখ দেন! প্রেসিডেন্ট ট্রাম্প ক্ষমতা হাড়িয়েছেন, তাহার দুঃথ কি কম??প্রশ্ন হচ্ছে যে, কোন দুঃথকে আমরা কি ভাবে গ্রহন করিব, কোন দৃষ্টিতে দেখিব। তাহা নয় কী?

দলীয় দাস নয়! রাষ্ট্র-এলিটতন্ত্রের দাস নয়! মুক্ত মনা হউন, মুক্তি সেখানে।

'**Anarchism**, to me, means not only the deniable authority. Not only a new economy, but a revision of the principles of a morality. It means the development of the individual, as Well as the assertion of the individual. It means self-responsibility. And not leader warship.'

Voltairine De Cleyre

No theories make you perfect and free from statism. You have to stand up and choose which theory you are represented by to become free.

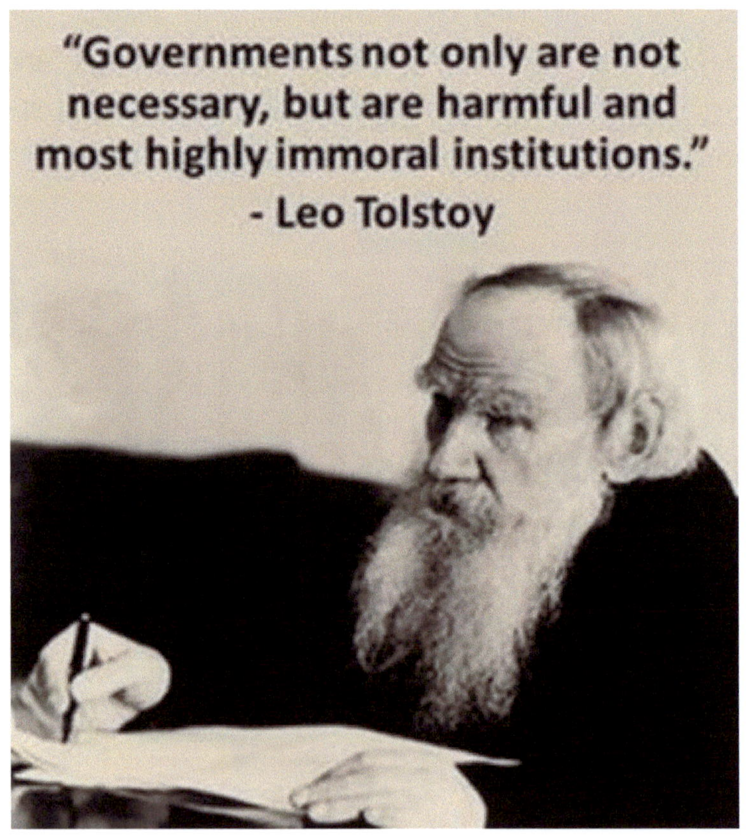

Chapter 2 Section 64

নিজের ধ্যান-ধারণা ও অভিজ্ঞতা প্রকাশ করিতে কলেজ পাশ করিতে হয়না। আমি কলেজের শিক্ষা কি তাহা নিজেই জানিনা? আমি স্বাভাবিক ভাবে বাঁচার শিক্ষা জানি এবং ইহাই আমার একমাএ শিক্ষা ও কলেজ।

Chapter 2 Section 65

সচেতন হওয়া আমাদের কাম্য। সচেতনাই শিক্ষা। সচেতনা সমস্যা সমাধানের একমাএ পথ। এই প্রত্যয় ও দৃঢ়তাই আমাদের রাজনৈতিক বিপ্লব।

Chapter 2 Section 66

তথাকথিত রাষ্ট্র-রাজ্য সর্বকালে-সর্বসময়ে শোষণ-আধিপত্যের বৃহওর শক্তি-বৃহওর ব্যবসা।উহা প্রিভিলেজ এলিটদের অপ-শক্তির কেন্দ্র।

Chapter 2 Section 67

রাষ্ট্র-সরকার অর্থই শোষণ, দমন, ও মুষ্টিমেয় প্রভুশক্তির অধিপত্য।রাষ্ট্র-প্রভুদের আস্তানা বিলুপ্তি মানেই সাম্য, সমতা, স্বাধীনতা।

Chapter 2 Section 68

নৈরাজ্যবাদ জাতীয়তাবাদ নয়, বরং রাষ্ট্র-জাতীয়তাবাদের আলখোল্লায় যে সকল সামাজিক-অর্থনৈতিক বৈষম্য চলছে রাষ্ট্র নামক প্রভুশক্তির মাধ্যমে তাহার বিলুপ্তি বা অবসান সৃষ্টির একটি বৈপ্লবিক দর্শন।

Chapter 2 Section 69

রাষ্ট্র "জাতীয়তাবাদ!" আপনি জাতীয়তাবাদী সমস্যা কোথায় আপনার? জাতীয়তাবাদের জন্য আপনি জীবন উৎসর্গ করিতে প্রস্তুত কিন্তু অমনুষ্যত্ব, শোষণ, নির্যাতন অসাম্যের বিরুদ্ধে আপনার প্রস্তুতি জাতীয় শাসক শ্রেণীর নিকট আপোষকামী পরাজীত ভূমিকা রাখে। যেহেতু, চরিত্রগত ভাবে আপনি একজন জাতীয় রেসিষ্ট! জাতীয় রেসিষ্টরাই প্রাকটিক্যাল ন্যাশনালিষ্ট বা জাতীয়তাবাদী তাহাতে কোন সন্দেহ আছে কী?

একগোএ-সম্প্রদায়, ভাষা-আচার-অনুষ্ঠান পালনকারীদের জাতি অর্থে, জাতি বলা হয়। পৃথিবীতে শুধু মাএ একটি মানব জাতি। রাজনৈতিক ও অর্থনৈতিক কতৃত্ব অজর্নে যাহারা জাতি বলে গৌরব অবলম্বন করেন, তাহার মূলত মানব জাতির বহ-বহ উপসম্প্রদায় থেকে উপজাতি। রাজনৈতিক স্বার্থ চরিতার্থ করার জন্য কিছু অপদার্থ মানুষ জাতি নামে পলেটিক্স করেন, মানুষের অভ্যন্তরে কোন্দল সৃষ্টি করেন, শুধু মাএ ব্যক্তি স্বার্থে এবং উহাই তাহাদের জাতিয়তাবাদের অর্থ। এডলফ হিটলার, মুসোলিনী ইত্যাদি ব্যক্তিবর্গ উগ্রজাতীয়তাবাদের বিষাক্ত বাস্প ছড়িয়ে দিয়েছিল পৃথিবীতে। তাহাদের অনুসারীগন পৃথিবীতে জাতি ও জাতীয়তাবাদ বা ন্যাশনালইজম ও ততসহ পেট্রিয়টিজম নামে পৃথিবীতে রাজনীতি করে থাকেন। মাকির্ন যুক্ত রাষ্ট্র তথাকথিত একক জাতির দেশ নয়। বহ জাতির বাস এইদেশে এবং সেই জন্য বলা হয় ইউনাইটেড স্টেট। জাতীয়তাবাদে লাভবান হচ্ছে শাসক শ্রেণী, শোষিত শ্রেনির জনগণের উপর একক আধিপত্য ও দমন ব্যবস্হা বলবৎ রাখার সহজতর পথ হচ্ছে, তথাকথিক জাতি ও জাতিয়তাবাদ। জাতীয় রাষ্ট্র কতৃক সবচেয়ে বড় নিপীড়ণ চলছে পৃথিবীতে।

রাষ্ট্রবাদ যদি স্বাধীনতা হয় তবে, পুঁজিবাদ নিয়ে হৈচে করা কেন? রাষ্ট্রযন্ত্রের শিঁকড়ই পুঁজিবাদ। পুঁজি ব্যতিত রাষ্ট্রযন্ত্রের অস্তিত্ব অস্বীকৃত। দেখা যায় যে, সকলেই স্মার্ট, রাজনীতির দুরাগ্য-ব্যাধিতে লড়াই নিয়ে ব্যস্ত কিন্তু বৈপ্লবিক দর্শন কি তাহাদের?

মতবাদ ও মতাদর্শ থেকে আমি কি শিখলাম।আমার রাজনৈতিক অবস্হান কোথায়? প্রতিটি সচেতন ব্যক্তিকে নিজ-নিজ শিক্ষা এবং উর্পাযনের সুএ বার-বার পরিক্ষা করিয়া দেখিতে হইবে। আত্ম-সুদ্ধি ব্যতিত, রাজনৈতিক, বৈপ্লবিক কর্মসুদ্ধি সঠিক লক্ষ্যে অগ্রসর হইতে পারেনা।

মন্দকর্মাবলীকে কিছু মানুষ ভালবাসে এবং উহা ভাবাসারই অজর্ন, অন্যথায় মন্দ ভালবাসার অজর্ন থেকে মানুষ মুখ ফিড়িয়ে নেযনা কেন?

প্রভু হটিয়ে-নিজে (রা) প্রভু হওয়া ন্যাশনালিজমের ধাঁধা! যেমন ডাকাত, মাফিয়াদের তাড়িয়ে নিজেরাই ডাকাতি ও মাফিয়া কর্ম-কান্ডে লিপ্ত থাকা বৈকি?

Chapter 2 Section 74

বাংলাদেশে পুলিশ ও নাগরিক সম্পর্ক?

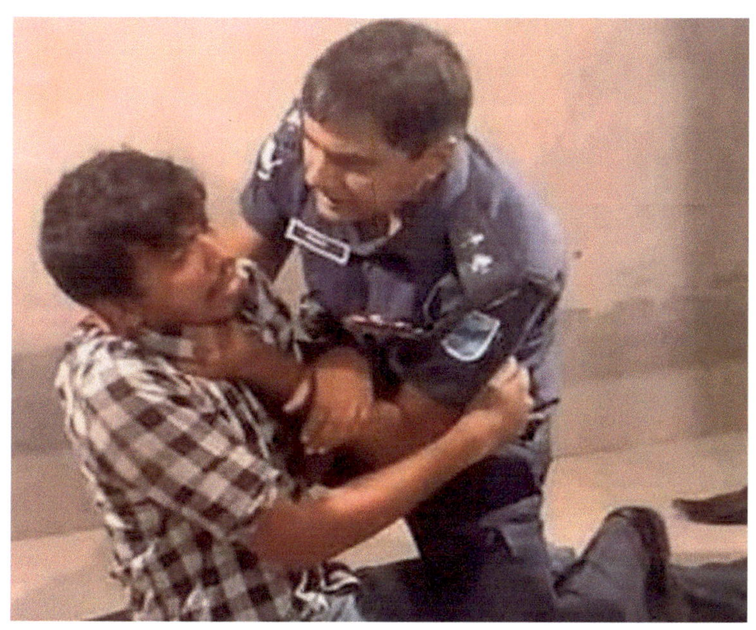

Chapter 2 Section 75

তুমিই ধংস আবার তুমিই প্রেম, নামটি কি তোমার ?
দ্বৈতবাদ (dualism) "পুঁজিতন্ত্র-রাষ্ট্রবাদ!"

Chapter 2 Section 76

অপরের ছড়া শুনে-শুনে জীবন অতিবাহিত করার জন্যতো এই জীবন নয় ! জীবনের অর্থ হইতে পারেনা একটি উগ্র-জাতীয়তাবাদী বদ্ধ থাচাঁয় নির্বাস।যাহার মূল অর্থ ন্যাশনালইজম দ্বারা (brainwash) ব্রেইনওয়াস!

Chapter 2 Section 77

নিজে বৃষ্টিতে ভিজে অপরের মাথায় ছাতা ধরার রাজনীতিতে মোটেও বিশ্বাসী নই।

ফ্যাসিজম একটি উগ্র-জাতীয়তাবাদী (বর্নবাদী) মতাদর্শ। বাংলাদেশে যেমন: আওয়ামি লীগ ও তাহাদের মতাদর্শ, "কট্টর বাংগালী জাতীয়তাবাদ।"

Chapter 2 Chapter 79

Fascism belongs to Nationalism. This is an extreme nationalism. Fascism came from Italy.

Chapter 2 Section 80

"National fascism": This expression became the National Socialist German Workers' party in Germany. What does National Socialist German Workers' Party mean. Shortly Nazi or National Socialism.

Chapter 2 Section 81

State power is the power to control and dominate others. It doesn't matter who is there. Male, female, black, white or what the case may be.

এই সমস্যা এড়িয়ে চলার জন্য মানুষ অলৌকিক ঈশ্বরের সন্ধানে একাত্মবাদের সংজ্ঞা সৃষ্টি করিয়াছিল। কিন্তু সংজ্ঞা আবিস্কারক নবী ও পয়গম্বরগন, সাম্রাজ্য এবং সম্পদ নিজ তত্ত্বাবধানেই রেখে দিয়েছিলেন।

সাম্রাজ্য ও সম্পদের ক্রমাগত শোষণ ও রক্তাক্ত সংগ্রামই আজকের রাষ্ট্র। বর্তমান কালের রাষ্ট্র, এলিট শ্রেণীর শোষণ-যন্ত্র। এই শোষণ যন্ত্রের ভিত্তি ভেংগে না দিলে ধনতন্ত্র তথা সাম্রাজ্যবাদের জাল থেকে আমাদের পরিত্রান আসিবেনা এবং আমরা শান্তিভোগ করিতে পারিবনা।

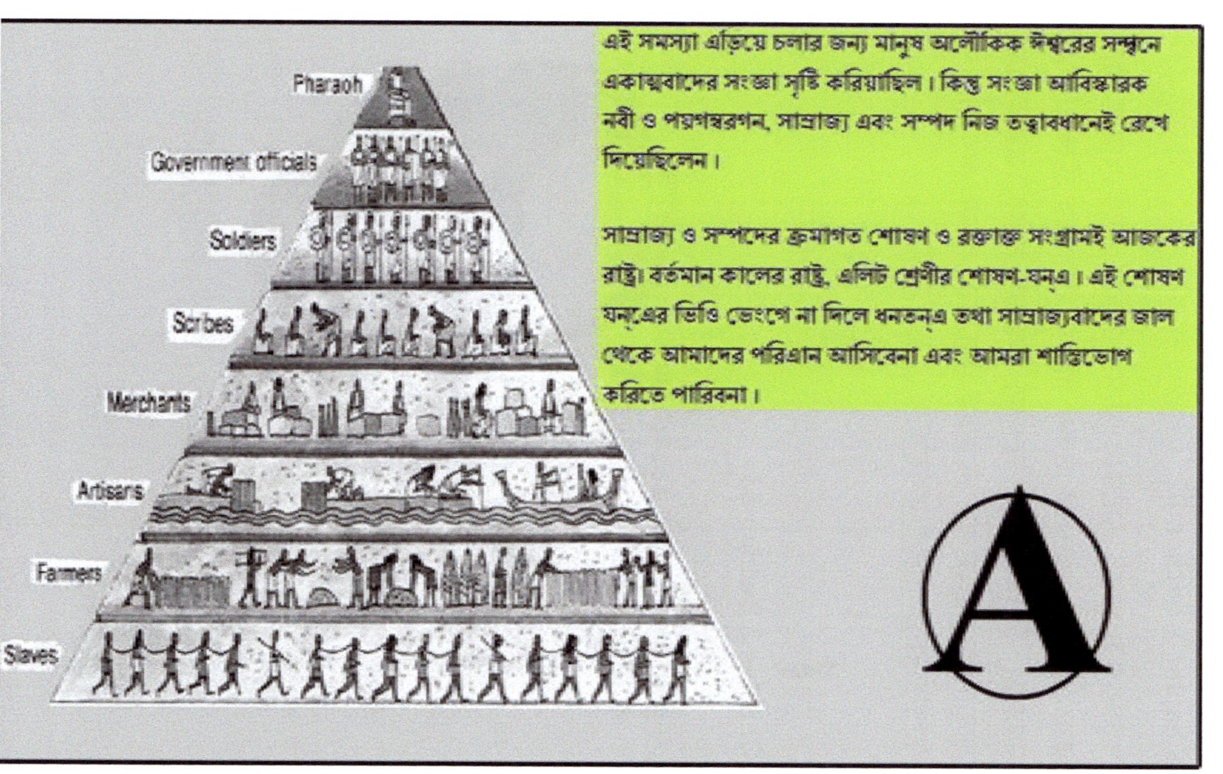

প্রকৃতির সম্পদকে চুরিকরে রাষ্ট্র-সরকার নামে বাজার গঠন করা হয়েছে। এখন ঐ সকল চিহ্নিত চোরদের উচ্ছেদ করাই সমাজের বিবেকের দায়িত্ব।সেই দায়িত্ব পালন করার জন্য আমাদেরকে রাজনৈতিক ভাবে সচেতন হইতে হবে।সচেতনা ব্যতিত রাষ্ট্র-বিপ্লব অসম্ভব?

Chapter 2 Section 83

Chapter 2 Section 84

জনগণের উপর মাফিয়া শ্রেণি, মাফিয়া বংশ-পরিবারগুলি যুদ্ধ চাপিয়ে দিয়েছে। মাফিয়া- চাপরাশিদের অস্ত্র কেড়ে নিয়ে জনগণকে মুক্ত হইতে হইবে ।

Chapter 2 Section 85

Chapter 2 Section 86

কমহীন মানুষদের বিভিন্ন রাজনৈতিক দল ব্যবহার করে থাকে, তাহাদের উদ্দেশ্য সফল করার জন্য।সামাজিক রীতি-রেওয়াজের ভাল দিকগুলি লালন পালন করা উচিৎ। খারাপ দিকগুলি বজর্ন করা হোক!

Chapter 2 Section 87

কোন দেশকে পরিবারতন্ত্রে রুপান্তরিত করা গণতন্ত্র নয়। গণতন্ত্রের পোষাক পরিধান করে অগনতন্ত্রের পরিচয় মিলে এই ভাবে?

Chapter 2 Section 88

সচেতন মেহনতী মানুষ কখনো প্রতিক্রিয়াশীল শ্রেণীর রাজনীতিতে ভিড়েনা । সে তাহার নিজ অবস্হান ও লড়াইকে সর্বোর্চ্চ মর্যাদা দেয়।

Chapter 2 Section 89

আমার মেহনত ব্যতিত, পলেটিকস ও পলেটিক্যাল পার্টি কি আমার ব্যয়ভার বহন করিবে?

Chapter 2 Section 90

সন্তান আমার, স্ত্রীরি আমার, মা, বাবাও আমার তাহা হলে আমি কাজ করবনা কেন? পরিবারের দায়িত্ব কে পালন করিবে? তয় ব্যক্তি???

Chapter 2 Section 91

ওরা দুধে ধোয়া তুলসি পাতা! অভিযোগ মুক্ত? সময় এগিয়ে এসেছে সকল সমাজ প্রতারক অমানুষদের বয়কট করার।

Chapter 2 Section 92

মানুষের প্রতি মানুষের অভিযোগ থাকিতে পারেনা। কিন্তু কোন মতেই টাউট বুদ্ধির ধ্বজাধারী প্রানীগুলি মোটেও মানুষ বলে গন্য হইতে পারেনা। তাহার কারন, তাহারা সাধারন মানুষের জীবন-বিকাশের পথ খতিহগ্রস্ত করার জন্য দায়ী।তাই,মানুষরুপী ঐ সকল টাউটদের সর্বস্তরে এড়িয়ে চলা উচিৎ।

বাংলাদেশের রাজনীতি মূর্খতায় ভরপুর: - লোকটি সমাজতন্ত্র চায় কিন্তু জানেনা সমাজতন্ত্র কি? - নেতা নিজেই শোষক, কিন্তু ভন্ডামী তাহার সমাজতন্ত্র? - রাষ্ট্রতন্ত্রের তথা এলিটতন্ত্রের পদলেহনকারী কি করে কোন মূল ধনের ভিওিত্তে রাষ্ট্র পরিচালনা করিবে তাহা কি সম্ভব? ক্যাপিটেলিজম ব্যতিত সমাজতন্ত্র অবাস্তব! তাহা লেনীনবাদী-ষ্ট্যালিনবাদীরা কী জানেন??

Chapter 2 Section 94

You know both of them and their struggles.

Chapter 2 Section 95

বিপ্লবী:   শিল্পী-সাহিত্যিক,   গভেষক,   চিন্তাবিধ, রাজনীতিবিধগণ, কথনো রাষ্ট্রযনএর পদলেহী হইতে পারেনা।

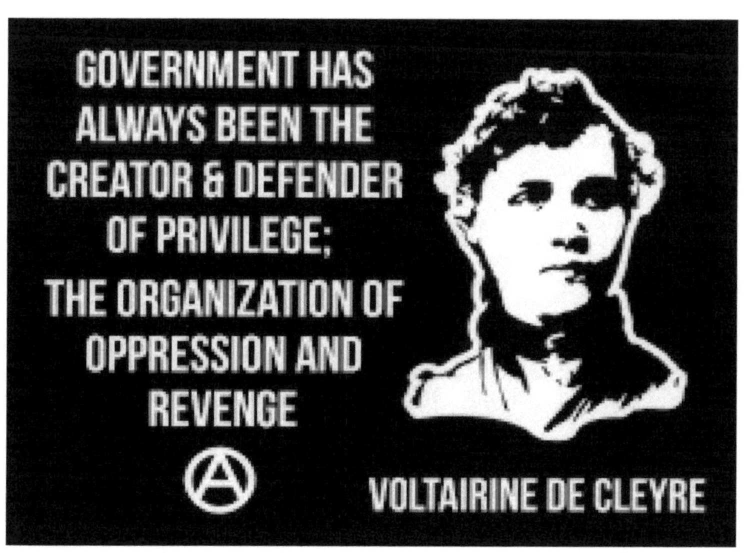

Chapter 2 Section 96

স্বপ্ন আমাকে বিভ্রান্ত করিতে পারেনা যেহেতু,বাস্তবতার প্রখড় দৃষ্টি দিয়ে প্রখড়ভাবে চিএ দৃশ্যের বাস্তবতা অধ্যায়ন করাই আমার স্মুদে জ্ঞানের বাস্তব শক্তি।

- নৈরাজ্যের শিস্ক্ষা থেকে। এস, কোল।

Chapter 2 Section 97

স্বপ্নবাদী পবিএতায় বিশ্বাসীগণ যে, অপবিএ রাষ্ট্রযন্এ নিমার্ন করে রেখেছেন, উহাই তাহাদের স্বপ্নের গুণের প্রকৃত নির্দশন!

Chapter 2 Section 98

হ্যা, স্বপ্ন একটি ভাব বা কল্পনা। তাই, ভাববাদীদেরকে বলা হয় আইডিয়ল্যজিষ্ট।অপর বিপরীত মুখি অংশটিকে বলা হয় বস্তুবাদী বা ম্যাটেরিয়্যালিষ্ট।ম্যাটেরিয়্যালিষ্টিগণ ইন্দ্রয় জগংকে এড়িয়ে চলার শিক্ষাদেয় । অপর দিকে বিশ্বাসীগন, বিশ্বাসকে মূলধন হিসাবে বাজারে তাহা খরিদ করেন!চুড়ান্ত ভাবে দেখা যাচ্ছে যে, তাহারাও ম্যাটেরিয়ালিষ্ট কিন্তু বৈধ ভাবে নয়, অবৈধ ভাবে।

Chapter 2 Section 99

রাষ্ট্রযন্এের গোলামীত্ব বরন করার বিরুদ্ধে গড়ে উঠুক তোমার চিন্তাশক্তি, মগজ-মস্তিস্কের বিকাশ ও পুষ্টি শক্তি।পুড়ে ছাই-ছাই করে দাও,রাষ্ট্র-নামক দাসত্ববাদী ওদের সকল ভন্ডামী।কেঁপে উঠুক, রাষ্ট্র নামক রক্তচোষা অপশক্তির বিলাসী স্বর্গ!

প্রতিবিপ্লবের বিরুদ্ধে, চেতনা জেগে উঠুক!শিক্ষা জ্ঞানের বাহন । মানুষ শিখে কেন বুজার জন্য। হুষ না থাকিলে মানুষ হওয়া যায়না?

Chapter 3

Chapter 3 Section 1

যে সকল রাষ্ট্রের বাজেট পূরণ করা হয় বিশ্ব ব্যাংক ও বৈদেশিক ঋণের উপর সেই সকল রাষ্ট্রের প্রধান মন্ত্রীগণ কখনো পুতপবিএ থাকিতে পারেন না। মাফিয়ারা তাহাদের চতুর পাশেই বর্ডিগার্ডের মত বিচরন করে!

Chapter 3 Section 2

তোমাকে প্রস্তুত হতে হবে। সচেতনা হবে তোমার প্রস্তুতির অগ্রযাত্রা। প্রস্তুতির অর্থ এই নয় যে, তুমি আগামী কোন এক প্রস্তুষের স্বপ্ন দেখেই যাবে? তুমি থাকিবে বুজোর্য়া সাহিত্যিকদের মত স্বপ্নে বিভোর, অপশক্তি রাষ্ট্র কেড়ে নিবে তোমার শেষ নিরাপওাটিও! তোমার স্বপ্নকে ওরা উচ্ছেদ করবে গণ-তন্ত্রের নামে, আইন-কানুন ও শৃংখলার নামে দমননীতির কঠোর বর্ববরতা চাপিয়ে।

যে অগ্নিশিখায় তুমি প্রজ্জলিত হতে চেয়েছিলে, সেই অগ্নিতে ওরা প্রতিক্রিয়াশীল-প্রতিবিপ্লবীরা তোমাকে দাহ্য করিবে! গণ-শিক্ষারমান এত নিম্নে যে, রাষ্ট্রবাদের ইতিহাসে তোমার সমাধি রচনা হবে রাষ্ট্রদ্রোহী হিসাবে?

- নৈরাজ্যবাদ ।

Chapter 3 Section 3

অপরকে কপি করে চলে যাহারা তাহারা নিজেরা বিপদগামী এবং জন-সমাজকেও বিপদগ্রস্ত করিয়া তুলিতেছে। বাংলাদেশী বাংগালীগণ, এক দিকে জাতীয়তাবাদী অপরদিকে কপি করে অর্থাৎ অণুকরন করে চলছে ভিন্ন সংকৃতি।এই হচ্ছে, ওদের রাজনৈতিক ও সংস্কৃতিক চেতনার মান। (অর্থাৎ নিন্মমান!) দুঃখিত।

Chapter 3 Section 4

রাষ্টের নামে, গনতন্এ ও জাতিয়তার নামে যে ফ্যাসিষ্ট এলিট-যন্এ তুমি সৃষ্টি করেছ, তাহা বিপ্লব নয় বরং প্রতিবিপ্লব।

Chapter 3 Section 5

<u>Anarchism</u>
stands for the liberation of the human mind from the dominion of religion, liberation from the shakles and restraint of government. A social order based on the free grouping of individuals.

Chapter 3 Section 6

Revolution wants to change the system. The System of corrupted governments never change by itself!

Chapter 3 Section 7

গড হচ্ছে ব্যবসায়ীদের মুনাফা আর অসহায় মানবের হৃদয়বিদারক কান্না!

Chapter 3 Section 8

মুক্ত মনা হয়ে উঠুন ! সত্য জানার, বলার, লেখার প্রেরনা সৃষ্টি করুন! গড়ে উঠুক মহত্ব ও মানবতা। বৈষম্যকারী ও বৈষম্য ব্যবস্থাকে প্রত্যাখ্মান করিতে উদ্বুদ্ধ হউন।

Chapter 3 Section 9

হৃদয় দিয়ে গৃহ-সংসার পালন করা যায়, ভালবাসা যায়, প্রেম খেলা যায় কিন্তু বিবেক দিয়ে আবদ্ধ হয়ে থাকা যায়না। বিবেক তাহার দায়িত্ব পালনকে সর্ব্বাধিকার নিয়োগ করে থাকে।হৃদয় ছোবল দেওয়া যায় কিন্তু বিবেককে নয়!

Chapter 3 Section 10

ভ্রান্ত বন্ধুত্ব না খেলে, মূল্যবান সময় অপচয় না করে, নিজ পরিবারের নিরাপত্তা দাড় করা বিবেক-বুদ্ধিমত্তার পরিচয়।

নিজ শরীরের ব্যথা যে লাঘব করিতে পারে সে অকৃত্রিম।বাস্তবে এমন বন্ধুত্ব কোথায়? নিজ বিবেক-সচেতন উপলব্ধিবোধ পৃথীবির সবচেয়ে বড় বন্ধু।না জানা, না দেখা সকল মানুষ একে অপরের বন্ধু।fb-তে আমরা তেমনি একে অপরের বন্ধু।

A real situation will always expose a fake friend

Chapter 3 Section 11

দৃষ্টি রাখুন, পূর্ব বাংলা'র জনগণের মুক্তি যুদ্ধ চলমান! দিল্লির শাসক শ্রেণীর সাথে চুক্তি যুদ্ধ সমাপ্ত।

116

Chapter 3 Section 12

আমি বুলেটের রাজনীতে বিশ্বাসী নই তবে,বুলেট কি ভাবে ব্যবহার করিতে হয় তাহা জানি।

Chapter 3 Section 14

শিক্ষা ও জ্ঞানের মৌলিকতা এড়িয়ে এক বিকৃত মগজের পন্ডিত তৈরী হওয়ার প্রতিযোগীতায় নেমে পড়েছে অমানুষের অতৃপ্ত সন্তানরা । ওরা আবার গলা ফাটায় আমরা মুক্তি যুদ্ধের স্বপক্ষ শক্তি! মজিব শেখ তাহাদের বাবা ?

Chapter 3 Section 15

রাজনীতিকে বর্ণবাদী, জাতীয়তাবাদী, ফ্যাসিবাদী, নাৎসীবাদী, বলসেভিক-বাকশালী, চক্রান্ত থেকে মুক্ত থাকিতে হইবে। গণ-চেতনার ইহা হচ্ছে, সচেতন রূপ।

Chapter 3 Section 16

বাস্তু-শাস্ত্র আমাদের জীবন্ত অঙ্গ। তাহা রক্ষা পেতে পারে তথাকথিত মর্ডানাইজেশনের বিপক্ষে অবস্হান নিয়ে প্রকৃতি মাকে রক্ষা করে।

Chapter 3 Section 17

দেহ একা মানুষের পরিচালনা শক্তি নয়।ভূ-প্রকৃতি বা (এককথায়) ECOLOGY IS OUR LIVING ORGAN.

Chapter 3 Section 18

রাষ্ট্র অর্থ দেশ বা সমাজ নয়। রাষ্ট্র অর্থ, শোষণ ও দমন নীতির সর্বোর্চ্চ দপ্তর। অপর দিকে সমাজ বা দেশ হচ্ছে , প্রকৃতির একটি অংশ।

Chapter 3 Section 19

ধনতান্ত্রিক-সাম্রাজ্যবাদী তোষণ নীতির উপর নির্ভর করা জীবন ব্যবস্হাকে স্বাধীন রাষ্ট্র, না কলোনীয়াল রাষ্ট্র বলা হয়?

Chapter 3 Section 20

বাংলাদেশের শিক্ষা-সংস্কৃতি, রাষ্ট্র-অর্থনীতির অংগে-অংগে জন্ম নিচ্ছে দুর্নীতি,অনৈতিকতা!পথ একটিই সচেতনা।

Chapter 3 Section 21

যাহারা প্রান প্রিয় দেশকে ভারত শাসকের হাতে ঠেলেদেয়, সেই সকল অসচেতন, নিলজ্য বাংগালীর বিজয় দিবস ১৬ই ডিসেম্বরে।এই জাতির স্বাধীনতা আসে আর যায়!   ১৯৪৭

সালের ১৪ই আগষ্ট, বৃটিশের হাত থেকে মুক্তি পায় পাকিস্তান এই পূর্ব বাংলা (পূর্ব পাকিস্তান), বর্তমানে তাহা বাংলাদেশ।

প্রশ্ন হচ্ছে যে, বাংলাদেশী বাংগালী জনতা কি মজিবের জাতিতে পরিনত হতে চলেছেন?

হিমালয় প্রবাহিত শব্দে শুধু বাংগালী প্রভুত্ববাদের কোন সংজ্ঞা নাই। ইহার বিভিন্ন দিকে বিভিন্ন মানব-জাতি সওার বসবাস। সুতরাং বাংগালী জাতীয়তাবাদী প্রতারণা দিয়ে মুক্তি অর্জন করা ঐতিহাসিক ও বৈপ্লবিক নয়। জাতীয় প্রধান্যতা আসবে ও যাবে এবং উহাই পরিবর্তনশীল মানবগোষ্ঠির ইতিহাস। রুহানী শক্তি হচ্ছে, অতি-ঐশ্বরিক, ভৌতিক- আধ্যাত্মবাদ (একান্ত ব্যক্তিগত) উহা বস্তুবাদী শিক্ষা নয়। বস্তুবাদী শিক্ষা হচ্ছে, অর্থনৈতিক ও রাজনৈতিক সুতরা ফ্যাসিজম বা জাতীয়তাবাদী প্রধান্যতা ব্যক্তির স্বাধীনতাকে রাষ্ট্র কতৃক লুন্ঠন করে, শোষণ, অশান্তি এবং অনৈক্য স্হাপন করে। জনগণকে রাষ্ট্র-এলিট আমলাতন্এ নিজ আধিপত্যের অধিনস্হ করে তুলে। কথিত ২২ পরিবার ধংস করে কাহারা লাভবান হয়েছে ! মুক্তিকামী জনতার সংগ্রাম অব্যহত ..... রাষ্ট্রতন্এ তাহা সমাধানের পথ নয়। রাষ্ট্র সর্বদাই বিশ্বের শোষণ ব্যবস্হার সাথেই সংযুক্ত হয়ে কাজ করবে তাহার নিজ অস্তিত্ব রক্ষার্থে। রাষ্ট্র-স্বৈরতন্এ উচ্ছেদ করা এবং নূতন স্বৈরতন্এর বীজ বপন করার মধ্যে ভাল কাজ বলিতে কিছুই নাই। ঈশ্বর এক অনন্ত। ঈশ্বরের সৃষ্টি, কোন রাষ্ট্র ও তাহার মতবাদ নয় !

Chapter 3 Section 22

Who owns the economy? They are called world leaders of democracy, Marxists, socialists, communists or whatever but we know who they really are.

Chapter 3 Section 23

STATISM IS NOT FREEDOM. IT IS （MODERN） SLAVERY WITH SOME OPTIONS.

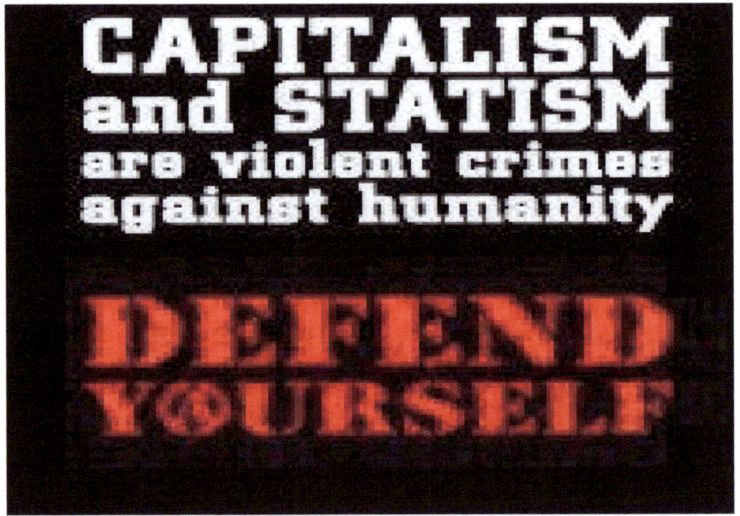

Chapter 3 Section 24

রাষ্ট্র-ব্যবস্হার জন্ম কথা হচ্ছে, স্বৈরাচারী ব্যবস্হা। তাহা টিকিয়ে রাখার জন্য পুলিশ ও বিভিন্ন শসস্এ বাহিনী। এই কথা যাহাদের বোধগম্যতার বাহিরে, তাহারাই স্বৈরতনএর কোয়ালিশন শক্তি নামে খ্যাতি!

Chapter 3 Section 25

Lenin, Stalin, Mao, Fidel Castro and many of their followers are misusing the name of Socialism and Communism almost like a religion!   It is addicting like opium.

Chapter 3 Section 26

সনাতন ধর্ম বলে কোন ধর্ম নাই। সকল ধর্ম, মতবাদই মানুষের তৈরী কাষ্টম বা সংস্কৃতি। গুণগত দিকগুলির পক্ষে-বিপক্ষে যাওয়া সেইটি অন্য বিষয় ।

Chapter 3 Section 27

ধর্ম আকাশ থেকে পড়া কোন অলৌকিক বস্তু নয়, অনন্তত আমার মগজে।মানুষের বিভিন্ন সময়-কালের মিশ্রিত, সংস্কৃতি ও কাষ্টম থেকেই গড়ে তোলা হয়েছে ধর্ম।

Chapter 3 Section 28

সকল শিল্প-কলাঃ শ্রেণি আধিপত্যের সুখ্যাতি ও বিস্তৃতি।তাই, মাওসেতুং চীনে, বিপ্লবের পর আরেকটি বিপ্লবের ডাকদেন, যাহার নাম ছিল সংস্কৃতিক বিপ্লব! মাওসেতুংয়ের লাল বইগুলি বর্তমানে বাইবেলেরমত নূতন-নূতন সংস্করে সংস্করন করা হচ্ছে।শাসক শ্রেণি, ব্যক্তি ,দল গোর্ষ্ঠি-সম্প্রদায়, মতাদর্শ এবং জাতির নামে ম্যান্টেল পরিধান করেই রাষ্ট্র পরিচালনা করে থাকেন। এলিটগন, অপকর্মাবলী চালিয়ে যান ক্ষমতা অপ-ব্যবহার করে। জাতি, সাম্রাজ্য,ডেমক্রেসী, রাষ্ট্রবাদের ইতিহাস এই ভাবেই ধারাবাহিক চলছে।

Chapter 3 Section 29

Stalinism is a colloquial term for the political and economic system implemented by Joseph Stalin in the Ex-Soviet Union. From the mid-1920s until his death in 1953, he directed Soviet Communist party and Govt. Russia. It was not industrialized and came late to the soviet, unlike other countries in Europe. This system is an extreme case of totalitarian systems. But they called it Socialism, sometimes communism is also Marxism and Leninism ! ! !

Chapter 3 Section 30

মুক্ত স্বাধীনতা না, স্বাধীনতার উপরে দল ও নেতৃত্বের খবরদারী তথা অপশক্তির আধিপত্য বিস্তৃতি!

Chapter 3 Section 31

কুলি কাজ করে মিলিয়নার-মাল্টিমিলিয়নার হয়ে যাওয়া, বিশেষ সম্পত্তি-সহকারে, ৯ তালা বিশিষ্ট বিল্ডিংয়ের মালিক হওয়া ইত্যাদি ইসলামে আসমানী রচনায়ই শুধু সম্ভব বা ব্যতিক্রম।যাহা বিশ্বাসকে অবিশ্বাসে পরিনত করার কর্ম-কান্ড বৈকি?

Chapter 3 Section 32

নারীবাদ-বেশ্যাবাদ, হোম সেকসুয়্যালিটি ইত্যাদির ব্যাপক বিস্তৃতি দ্বারা পুঁজিবাদ মানব মগজকে আসক্ত করে তুলছে ! সাম্রাজ্যবাদী গোষ্ঠি, তাহাদের পদলেহী চাকর রাষ্ট্রগুলি দ্বারা তাহার ব্যাপক বিস্তৃতি ঘটিয়ে তুলছে । সেক্স আফিম দ্বারা চেতনা শক্তিকে হরন করে নিচ্ছে। বাংলাদেশের সেকুল্যার ইজম তাহারই খোলা প্রচেষ্টা, নয় কি ?

Chapter 3 Section 33

The market force of capitalism is statism. World-imperialism is working abroad within national states. We have to understand that.

Chapter 3 Section 34

The oligarchy is ruled by a few people. Plutocracy is to rule over the rich. Corporatocracy is a society that is governed and controlled by corporations. We have all three within the government. But where is the so called democracy and the freedom of the individual?

Chapter 3 Section 35

কাহারা চাষের জমি ও বন-জংগল ধংস করে বিলাসীময় গৃহ নির্মান করছে ইউরোপ-এ্যামেরিকার নমূনায়, তাহারা কি বস্তু শাস্ত্রের দাবিদারী আবার মানবতাবাদী? হ ! যত সব অপ-কৃষ্টি।

Chapter 3 Section 36

জয় বাংলা এবং আল্লাহু আকবর একার্থিক শব্দ নয় ববং তাহার দুইটি ভিন্ন অর্থ।একজন ধর্ম বিদ্রোহী যত জ্ঞানী, একালের একজন মোছলমান ও ততজ্ঞানী নয়।গভেষণা করুন, গভেষনা দিতে পারে সকল অজানা প্রশ্নের সঠিক উওর।

Chapter 3 Section 37

প্রচার কেন্দ্রিক, জ্ঞান কেন্দ্রিক উদ্দীপনা সৃষ্টির মালিকানা কি ব্যক্তি সম্পত্তিও? নিজ দেহ, মগজটিও কি রাষ্ট্রের সম্পত্তিও? "কোথায় কি ব্যক্তি সম্পত্তিও নয়?"

রাষ্ট্র যদি জনগণের প্রতিষ্ঠান হয় তবে, রাষ্ট্রের কাজ করে, প্রধান মন্ত্রী ও অন্যান্য মত্রীদের বিশাল সম্পত্তির অর্জন করেন কিভাবে,কোথা থেকে অর্জিত হয়েছে এবং হচ্ছে, তাহাদের বিশাল স্হাবর ও অনাস্হাবর মূলধন-সম্পত্তির রাশি-রাশি স্তুপ?রাষ্ট্র কি একটি শোষণযন্ত্র, শোষক এলিটদের প্রতিষ্ঠান। না গন-প্রতিষ্ঠান বলে আপনি দেখে এসেছেন, জেনে এসেছেন? বাংলাদেশের রাষ্ট্র কাহাদের পুঁজির কেন্দ্র ?????? মাফিয়া! মাফিয়া বংশ-পরিবারের জন্য কী এই রাষ্ট্র। এত রক্তপাত, জীবন হানি! তবে কি কথিত স্বাধীনতা প্রমান করে যে,   শোষণ ও দুর্নীতির একচেটিয়া পতাকা উড়ানোর সুপ্রিম সুভ্যারিনিটি ছিল দেশ বিচ্ছিনতার মূল কথা?

Chapter 3 Section 38

"ওয়াজ হারাম ও গুণা!" যেমন শাসিকা তেমনিই তাহার শিষ্যবৃন্দ। ওদের জন্য যৌন-উৎসব বিনোদনই শুধু ধর্ম। সংবাদ, রহমানদের বাংলাদেশের।

রোজা লুক্সেমবার্গ লেনীনবাদী ছিলেন না। তিনি প্রশ্ন তুলেছিলেন যে, মাকর্সবাদ না লেনীনবাদ? তিনি প্রতিষ্ঠিত করিয়াছিলেন প্রলেতারিয়েতের আগুয়ান বিপ্লবী সংগঠন, Spartacist League. রোম-সাম্রাজ্য স্পার্টা'র দাসবিদ্রোহকে বিপ্লবের স্পন্দন হিসাবে তিনি প্রলেতারিয়েতের এই সংগঠনটি প্রতিষ্ঠা করিয়া ছিলেন। ১৫ই জানুয়ারী, ১৯১৯ সালে ন্যাশনাল সোসিয়ালিষ্ট (রাইটিষ্ট ন্যাশনালিষ্ট রেভূ্যলেশনারী-এডলফ হিটলার পন্হী) এক প্যারা-মিলিট্যারী আততায়ী তাহাকে গুলি করে হত্যা করে। এই দিনে হত্যা করা হয় সোসিয়্যাল ডেমক্রেটিক পার্টির Karl Liebknecht কেও!

Chapter 3 Section 40

তথাকথিত "জাতি" কথাটিকে আমি সবচেয়ে বেশী ঘৃণা করে থাকি। কারন উহা বর্ণ-সম্প্রদায়ের সাথে জড়িত, রাজনীতিগত ভাবে সবচেয়ে বড় সাম্প্রদায়িক।শাসক শ্রেণীর সবচেয়ে বড় ভ্রান্ত ইমেজ, মানুষকে নিবোর্ধ করে দমন করে রাখার সবচেয়ে বড় (কৌশলগত) হাতিয়ার!

Chapter 3 Section 41

ANARCHISM MEANS:

– It is an order = **O**

– No authority =   **A**

Chapter 3 Section 42

বাংলার ফ্যাসিষ্টতন্ত্রকে উৎখাত করিতেই হবে। অন্যথায় শ্রমজীবি, মেহনতী জনগণের জন্য স্বাধীনতা হবে, বাক্যহীন- অর্থহীন।

Chapter 3 Section 43

লিখা ব্যক্তির অভিব্যক্তি প্রকাশের স্বাধীনতা।কিন্তু কি লেখা হচ্ছে,   কি তাহার অর্থপ্রকাশ পাচ্ছে সেই দিকে লক্ষ্য রাখা আমারমত অতিক্ষুদ্র লেখকদের ও উচিৎ। অন্যথায় পাঠক সমাজকে অন্দ স্নেহ বিক্রিকরে বন্ধুত্বের নামে মানবতার নামে অধীন করে অন্দ করে রাখা হবে। সস্তা বন্ধুত্ব জ্ঞান-সাধনার পথে প্রচন্ড ঝুকি!

Chapter 3 Section 44

ইতিহাস কি বলে? সাধক-সাধুগন কি বলেন। কি ভাবে রাজনৈতিক ইতিহাস নিয়ে ব্যাখ্যা করিবেন? রাষ্ট্র-

আধিপত্যবাদের হাত থেকে মুক্তির জন্য জনগণ গণতান্ত্রিক স্বেরতন্ত্র থেকে মুক্তি পাবেন কি?

Chapter 3 Section 45

যৌণ শিক্ষার এডভেরটাইজ চলছে প্রচুর।যৌণ শিক্ষা কি? ফ্যামিলি প্লানিং, জন্মনিয়ন্ত্রন ব্যবস্হা সব কিছুইতো আছে, এমন কি বিবাহের নিন্মতম সময়, সবকিছুই আইনগত ভাবে কার্যকরী রয়েছে। তাহা ছাড়া হিন্দু শাস্ত্রে কামরস সম্পর্কে অনেক কিছুই ব্যক্ত করা হয়েছে। অতপর যৌণ শিক্ষার কোন মডেলে আমরা এখনো পৌছিতে পারিনাই ...?

Chapter 3 Section 46

দুর্বলতা কি জিনিষ ? নিজেকে প্রকাশ করা দুর্বলতা নয়।ক্রটি জন-সন্মুখে প্রকাশ করা অনুচিৎ নয়। (গৃহঅভ্যন্তর কেন্দ্রীক ক্রুটি,জন-সন্মুখে প্রকাশ করা অনুচিৎ।) ক্রিমিন্যাল ব্যক্তির মুখে সমাজতন্ত্র, গণতন্ত্রেরবানী অসোভনীয়।তথাকথিত ধার্মিকদের ব্যাপারেও তাহা একই।ইসলাম বলে যে, এই জমিনের মালিক আল্লাহ। ঠিক আছে মেনে নিচ্ছি।কিন্তু আল্লাহর জমিনে অর্থনৈতিক জীবন যাপনে বৈষম্য কেন? বৈষম্য সৃষ্টির পীছনে কি আল্লাহ,না শয়তানের শয়তানী অর্থনীতি দায়ী! আল্লাহর নির্দেশ ব্যতিত গাছের পাতাও নড়ে না! এই শিক্ষাইতো আমরা পেয়ে ছিলাম। তাহার বাস্তবতা অবরুদ্ধ কেন?

Chapter 3 Section 47

বাস্তবতাবাদী হউন। বাস্তবতা হচ্ছে, কল্পনার আঁধার থেকে মুক্তি লাভ করা, মুক্তি পাওয়া। আহার এবং অনাহার দুইটি বিপরীত শব্দ, কল্যান-অকল্যান এবং ঠিক তেমনি বাস্তবতা-অবাস্তবতা। বিপ্লবও প্রতিবিপ্লব, শিক্ষা ও অপ-শিক্ষা বা কুশিক্ষা, গণতন্এ-স্বৈরতন্এ, রাষ্ট্রবাদ-নৈরাজ্যবাদ ইত্যাদি অসংখ্য অবস্হানকে বিশ্লেষণ করিয়া তাহার প্রানশক্তি জীবনের অবস্হানের সাথে পরিক্ষা-নিরীক্ষা করিয়া দেখিতে হইবে, তাহার বাস্তবতা কোথায়?

Chapter 3 Section 48

ধরুন, আমার কাজ নাই, কর্ম নাই, এমতাবস্হায় বন্ধুরা আমাকে কতটুকু সহায়তা করিবে? অতিজোর বলিয়া উঠিবে যে, আল্লাহ তোমার সহায়তা করুক।তাহাতেই কি আমার সমস্যার সমাধান আসিবে? তাহাদের জবাবের পূর্বে আল্লাহ কি আমার সমস্যা দেখিতে পাননি?

Chapter 3 Section 49

যাহারা সুখি, বিপ্লব তাহাদের জন্য হারাম।যাহারা অসুখি বিপ্লব তাহাদের জন্য ফরজ-চিরন্তন।

Chapter 3 Section 50

যাহার নিজস্য বিকাশ নাই, মুক্ত অবস্হান নাই,সে অপরের বোঝা বহন করাকেই ধর্ম-দীক্ষা বলে শিষ্যত্ব বরণ করে নেয়।

Chapter 3 Section 51

আমাদের বিবেক কি নিজ থেকেই গড়ে উঠে না বিবেকের জন্য চাই, অধ্যায়ন, অনুশীলন,তত্ত্বজ্ঞান, উপলব্ধি,   প্রজ্ঞা, চেতনা ইত্যাদি?

Chapter 3 Section 52

ব্যক্তির ব্যক্তিত্ব ফুটে উঠে সর্বদা আলাদা বৈশিষ্ট নিয়ে। উহা ব্যতিত ব্যক্তিত্ব বলিতে কোন আলাদা শব্দ নাই।

Chapter 3 Section 53

নির্ভরতা এবং সহযোগীতায় পার্থিক্য টানিতে হইবে। রাষ্ট্র- ধনতন্এ, ব্যক্তিকে নির্ভরশীল করে দল ও শ্রেণী অবস্হানকে তাহারা সম্পূর্ন নির্ভরশীল করে রাখিতেছে গণতন্এের আফিম সেবন করিয়ে। গণতন্এের আফিম তথা রাষ্ট্রবাদের আফিম

জনগণকে, কৃত্রিম বিকলংগ প্রাণীতে পরিনত করিয়া তুলিতেছে। নিজ থেকে চিন্তা সাধনা করার সময়টুকু হরন করে নিচ্ছে রাষ্ট্র! পরমুখী আসন পেতে থাওয়া ব্যক্তির পক্ষে, সচেতনা, মুক্তি, স্বাধীনতা ও বিপ্লব বুজা কঠিন?

Chapter 3 Section 54

বিজ্ঞ-জনদের কোটেশন বা উদধৃতিই যথেষ্ট নয়, বরং নিজে কতটুকু বিজ্ঞতা অজর্ন করিতে পেরেছি তাহাদের শিক্ষায় তাহা ব্যক্ত করা চাই। উহা হচ্ছে, শিক্ষা। ইদানিং সুপ্রসিদ্ধ মহান ব্যক্তিদের কোটেশনের ছড়া-ছড়ি চলছে ব্যাপক কিন্তু নিজের অভিজ্ঞতা তাহাতে মোটেও প্রকাশ পাচ্ছেনা?

Chapter 3 Section 55

অপ-শক্তির বিরুদ্ধে একটি পাল্টা শক্তির প্রয়োজনীয়তা কি নাই?

Chapter 3 Section 56

কথা-বার্তায় রাজনৈতিক জঙ্গি দেবী বা দেবতাকে আসন থেকে বিতাড়িত করা যাবেনা। রাষ্ট্রীয় অস্এ শক্তির বলেই সে বা তাহারা ক্ষমতাকে দীর্ঘায়ীত করে চলছে?

Chapter 3 Section 57

জীবনের জন্য যেই ভূঁমি তাহাই জন্ম ভুমি।প্রতিটি শিশুর প্রথম নিরাপওা তাহার অবিভা-বকের উপর। অতপর বেড়ে উঠা একটি বিশেষ সময়ে অভিবাকের প্রয়োজনীয়তা তেমন গুরুত্বতা বহন করেনা। কারন শিশু তখন বেড়ে উঠা শক্ত দেহের অধিকারী।

Chapter 3 Section 58

ধর্ষণ(একটি)মানষিক ব্যধিতে পরিনত হয়ে তাহার ব্যাপকতা বৃদ্ধি পেয়ে ছড়িয়ে পড়েছে! ধর্ষন কোথায় নাই? ধর্ষণ হচ্ছে জোরপূর্বক যৌন সংগম। ইহা অন্যায় এবং ইহার কারন কোথায় লুকায়িত তাহা সমাধান করা উচিৎ। একদিকে পরকীয়তা অপরদিকে ধর্ষন মানুষকে জঙ্গি পশুতে পরিনত করে তুলিতেছে!

Chapter 3 Section 59

বিবেকহীন ভালবাসা নয়, বিবেক সন্মত ভালবাসা চাই। তবেই হব আমরা মুক্ত।

Chapter 3 Section 60

মানুষের আস্হা ও বিশ্বসহতা অজর্ন করেই টাউটরা মানুষের ক্ষতিসাধন করে যাচ্ছে সবচেয়ে বেশী। সেহেতু, আমাদের সর্তক হওয়া উচিৎ। আত্মমর্যাদা গড়ে তোলার জন্য চাই, বিবেক। নির্ভরশীলতা, পদলেহন করা, ব্যক্তি মানুষের চরিত্রকে দুর্বল করার জন্য যথেষ্ট!

Chapter 3 Section 61

রাজনীতিতে যাহারা মোটা মুটি জ্ঞান চর্চা করেন, তাহারা জানেন যে, কে কোথায় বিক্রি হয়ে আছে? ঐ বিক্রিত অবিক্রিত অবস্হান নিয়েই রাজনীতিতে যতসব সংর্ঘষ!

Chapter 3 Section 62

ভ্রান্ত স্বাধীনতাবাদীগণ, নিজ স্বাধীনতা বিসর্জকারী, পরিবারের স্বাধীনতা বিসর্জনকারী, তাহারা রাষ্ট্র নামক আমলাতান্ত্রের অধীনস্হ পদলেই স্বাধীনতায় বিশ্বাসী! রাষ্ট্র কি রোবোট দ্বারা পরিচালিত হয়, না মানুষ রুপী আমলা-এলিট দ্বারা পরিচালিত হয়।

Chapter 3 Section 63

The upper class society is not a part of my social class life. That is why I am profoundly convinced of the philosophy of anarchy.

বিশেষ রাষ্ট্র, বিশেষ গোষ্ঠি-সম্প্রদায়ের পদলেনহ করে মানবতাকে সুপ্রতিষ্ঠ করা ইতিহাস বিরল! মানবতা হত্যাকারী রাষ্ট্র-যন্এগুলি মানবতার ফিকির করে বেড়াচ্ছে এবং সাথে-সাথে তাহাদের পালিত মানবরূপী গুটিকয়েক গদর্ভও মানবতাবাদী মেন্টেল পরিধান করে মানবতাবাদী সেজে মনুষ্য চরিএকে বিকৃত করার অপপ্রয়াস চালাচ্ছে!

Chapter 3 Section 64

রাষ্ট্র কবে বিলুপ্ত হয়ে গণ-স্বাধীনতায় রূপ নিবে? ব্যক্তি স্বাতন্এ্যতা ব্যতিত স্বাধীনতা পরাধীনার নামান্তর।

Chapter 3 Section 65

স্বীয় কর্ম-অদক্ষতা অপরের কাঁদে মামুলি ভাবে চাপিয়ে দেওয়া অজ্ঞতারই একটি পরিচয়। সকল ব্যক্তি সকল কাজে উপযুক্ততার পরিচয় দিতে পারেনা। অজ্ঞানীকে জ্ঞান দেওয়া সহজ কিন্তু জ্ঞানীকে জ্ঞান দান করা সহজ নয় ?

আমি কোন দায়িত্ব হাতে নিলে সেই দায়িত্ব পালন করার ক্ষমতা অবশ্যই আমার থাকিতে হইবে।

Chapter 3 Section 67

পরিবার প্রথা না বেড শেয়ার করার নিত্যদিনের যৌণ স্বাধীনতা চাচ্ছেন আপনি? ক্ষেএবিশেষে স্বাধীনতার বিভিন্ন স্হান রয়েছে। স্বেচ্ছাচারিতাকে ও স্বাধীনতা বলা হচ্ছে ! যাহা রাষ্ট্র চালিয়ে যাচ্ছে ব্যক্তি স্বাধীনতাকে পদদলীত করে? "আপনি, আমি অভ্যস্হ হয়ে পড়েছি অসংখ্য হাজার-হাজার বৎসরের পড়িয়ে দেওয়া সিস্টেম নামক রাষ্ট্র-রাজ্যের দাসত্ব শিকলে!" ঐ দাসত্বের পড়িয়ে দেওয়া শিকল ভাংগার নামই হচ্ছে মুক্তি ও স্বাধীনতার লড়াই। যাহাকে সাহিত্য-দর্শনের আরেক প্রাচিনতম উষ্ণ ভাষায় বলা হয় এ্যানার্কি। রাষ্ট্র ও একটি এ্যানার্কি সুতরাং আমাদেরকে এই রাষ্ট্র-অ্যার্নাকি থেকে মুক্তি ঘোষনা করিতে আমাদের চেতনা, বিবেককে বাধ্য করা হচ্ছে, আর তাই, উহার অন্য বিপরীত নাম(ও) হচ্ছে, এ্যানার্কিজম বা নিরাজ্যবাদ। এ্যার্নাকিজম গভেষণা মূলক একটি বৈপ্লবিক দর্শন। এই দর্শন রাষ্ট্রবাদ তথা আমলাতান্ত্রিক প্রভুত্ববাদের কবর খড়কদের পতাকাবাহি।

বাংলাদেশী রাষ্ট্রে কেড়ে নিচ্ছে মানুষের ধর্ম, শ্রম-মেহনত। তৈরী করিতেছে "রাষ্ট্রে দেবী-দেবতা!"নির্ভর করে রাখা হচ্ছে,চিরস্থায়ী পদলেহীতা! স্মরণ পড়ে কি চিরস্থায়ী বন্দোবস্ত নীতির কথা? তাহা হইতে পারেনা, শ্রমিক-মেহনতী জনতার সচেতন বিপ্লবী চিন্তাধারা? বাংলাদেশে অসংখ্য কৃষক মজুর আছেন, যাহারা জমির প্রকৃত মালিক নন! উহা কাহার স্বাধীনতা? ক্ষেত-মজুর কবে স্বাধীন হবে জমির মালিক হবে?

Chapter 3 Section 69

Intelligentsia never compromises with bad things and that is very personal, individual and respectable.

Chapter 3 Section 70

Communism is meant to be the system for a free society with no authority. But Marxism and Leninism are authoritarian systems, which is ridiculously the opposite of it.

It is a full state of tyranny! An Anarchist is who has chosen liberty. That includes an identifiably free communist's society, without any form of statism. There will be no place for dictator(s).

Chapter 3 Section 71

Let us become free from coercive authority all over the world.

Chapter 3 Section 72

আল্লাহর সৃষ্টির অপর নাম অসীম বিশ্ব-জগৎ, ভূ-প্রকৃতি। না তাহাই স্বয়ং আল্লাহ, তাহার কোন সু-নিদৃষ্ট নিজস্য ব্যাখা নাই, মানব রচিত তথ্য, উপক্রমা, অণুভুতি, ধর্ম-উপন্যাস ব্যতিত।

Chapter 3 Section 73

যীহবা, আল্লাহ, প্রভু, ঈশ্বর, ভগবানের সংবিধান কি স্বহায়ী না অস্বহায়ী?

Chapter 3 Section 74

"আল্লাহ" কি বস্তু? তাহা কি ক্রয়-বিক্রয় বা ভোগ করার বস্তু! মানুষের বহু রুপী বিশ্বাস। গভেষণায় দেখা যায় যে, মূলত (আদোতে) সেই সকল মিশ্রিত বিশ্বাসগুলিই তাহার চারিত্রিক ধর্ম।

Chapter 3 Section 75

জয় বাংলা বলে তোমরা দেশদ্রোহী সন্ত্রাসবাদকে রাষ্ট্র-ক্ষমতায় উঠিয়েছ । পবিএ আযাদীর উপরে থুঁথু মেরেছ ! রাজাকার পাকিস্তানী এবং রাজাকার হিন্দুস্তানী বলে নিজেদের মধ্যে বিভক্তি এনেছ !

রাষ্ট্র-সামান্তবাদকে এখন উৎখাত কর, দেখি তাহা তোমরা অতি সহজে পারবে কি না ? ২২ পরিবার পূর্ব বাংলাকে শোষণ করে বলে আমাদের অনেক বুজিয়ে ছিলে ! কে বা কাহারা এখন বাংলা'র জনগণকে শোষণ, দমন ও নির্যাতন করে ? নিশ্চয় পাকিস্তান নয় !

তোমাদের সংগ্রামী কর্ম-কান্ডকে তোমরা পরিস্কার কর । মানুষকে অতীতে বিভ্রান্ত করেছিলে । ভবিষতে আর বিভ্রান্ত করনা । বিভ্রান্তি ধর্ম নয় , ঈমান বা দৃঢ়তা নয়?

Chapter 3 Section 76

দূর্বলতা কোন শক্তি নয়, দূর্বলের জন্য কেহ নয়?দূবল বাচবে শুধু দান ও খয়রাতে ! ইহাই কি প্রভুর সৃষ্টি'র ফরমূলা ? শাসক-শাসিকা করে যাবে তাহা অণুকরন ???-- উহা আমার শিক্ষা, রাজনী ও চেতনার পথ নয়।

Chapter 3 Section 77

- **Socialism means** planned economy. Here the exploitation continues through the party privileges of the state authority.

- **Capitalism means** free economy. Here exploitation exists by the state authoritarian democracy.

- **Anarchism means** free from any authoritarian exploitation.

Justice should follow the Law of nature (which is not written but must apply in practical terms, knowledge and learning.) Now it is your turn to choose what is the best path for you.

Chapter 3 Section 78

ব্যবহার বহুরূপী । নির্ভর করে মানুষের দৃশ্যমান-অদৃশ্যমান বাস্তবতা!কোন মানুষই দেবতুল্য নয়। লেখার উপন্যাস আর চাটুকারীতা শাসক-শাসিকাকে ও দেব-দেবীতে রূপায়ীত করিয়া তুলিতে শিষ্য কখনো তাহাদের অপ-সাহিত্যের ভান্ডার অপরিপূর্ণ করে রাখেননি।

তাহার প্রমান সাহিত্য-শিল্পের বাজারে যথেষ্ট আছে এক দিকে শোষণ-অত্যাচার, প্রজাদমন অন্যদিকে রাম রাজ্য কায়েম উহা বঙ্গীয় সমাজেও অদ্যাবধি কমদেখা যায়নি।

Chapter 3 Section 79

Democracy is the power of the earthly gods! This is the highest authority of all governing states.

Chapter 3 Section 80

শিক্ষার অপর নাম সম্পদ বা ক্যাপিটেল।সুশিক্ষাই সুপথের দর্শন।

Chapter 3 Section 81

অন্দ বিশ্বাস, মানুষকে সু-সভ্যকরে গড়িয়া তুলিতে পারেনা। বিশ্বাসের উপকরণ থাকা চাই? তাহা কল্পনা ও আশ্বাস নয়, বেহেস্তের হর-পরী ও মেওয়া নয়! খোদ বাস্তবতা হচ্ছে তাহার অবলম্বন, তাহার নৈতিক বিকাশ।

Chapter 3 Section 82

ঢাক-ঢোল পিটিয়ে নয় বরং কঠিন বাস্তবতা থেকে খুঁটিয়ে বেরকরিতে হবে, সত্য-মিথ্যা, ন্যায়-বৈষম্যের কেন্দ্রীয় মাফিয়া শক্তিটি কোথায় বিরাজ করছে!মাফিয়াদের উচ্ছেদ করার ব্যতিত কোন ধর্ম-শাস্এ, দর্শন, বিধানই সফলতা অজর্ন করিতে পারিবেনা? শোষক- ডাকুলার, মাফিয়া-ক্রিমিন্যালদের বজর্ন করার বৈপ্লবিক শিক্ষায় আমাদেরকে সচেতন হয়ে গড়ে উঠিতে হইবে।সচেতনা ব্যতিত বৈপ্লবিক চিন্তাধারার বিকাশ বৃদ্ধি পাবেনা। সমাজ শক্রকে দমন করিতে হইলে, তাহার একমাএ বিস্পোরক শক্তি হচ্ছে, চেতনা বা CONSCIOUSNESS!

Chapter 3 Section 83

জাতি নয় ব্যক্তি। প্রতিটি দুষ্ট লোক জাতির বানী ছড়ায় কিন্তু প্রধান লাভবান কাজটি করে থাকে সে তাহার নিজের। প্রতিটি ব্যক্তি যখন সে তাহার নিজ-নিজ কাজ করিবে তখন তাহার আল্টিমেটলি রেজাল্টি কি দাড়াবে? সকল সমস্যার সমাধান নিহিত হবে সেখানে। আমরা যাহারা জাতিকে গড়ারর তকমা দিয়ে বেড়াচ্ছিলাম,প্রকৃতপক্ষে আমাদের কিছুই গড়া হয় নাই!গড়তে হবে নিজেকে তবেই গড়া হবে, দল, বল ও তথাকথিত জাতিকে।

Chapter 3 Section 84

শ্রমিক শ্রেণির একনায়কতান্ত্রিক রাষ্ট্রগঠন প্রসংগে মার্কসবাদ হারিয়ে ফেলেছে তাহার প্রানশক্তিঃ

বিপ্লবের পর একটি একক শ্রেণী রাষ্ট্র গঠন করা হবে আরো বর্বরতম, স্বৈরতান্ত্রিক।*বাকুনীনের তাত্ত্বিক চেলেঞ্জ, কার্ল-মার্কসের প্রতি এবং যাহা তাহাদের উভয়ের দ্বন্দ্বকে প্রকট করে তুলে। ফলত ১ম শ্রমিক ইন্টারন্যাশনাল থেকে বাকুনীনকে বেরিয়ে আসিতে হয়।

Bakunin said: "We must distinguish well between natural laws and authoritarian, arbitrary, political, religious, criminal, and civil laws which the privileged classes have established...."

Chapter 3 Section 85

মিথ্যা প্রভু, ঈশ্বর, আল্লাহ, যীহবা, ভগবানের গীতি-মন্ত্র পাঠ করে আমাদের কি হবে?শান্তি-সৌহাদ্যতা যদি তাহার পরিপন্হী হয়!

Chapter 3 Section 86

অজ্ঞানতা থেকে জ্ঞানের আর্বিভাব।তুলনামূলক অজ্ঞানী, হেয়ালী, ও রোগাগ্রস্ত দুর্বলরা হচ্ছে, জ্ঞানীদের সম্পদ?

উদাহরন সরূপ বলা যায় যে, ডেমক্রেসী হচ্ছে,জ্ঞানী, চালাকদের ব্যালটের শক্তি। এই ব্যালটেই কেহ নিযুক্ত হন মন্ত্রী , কেহবা উপ-মন্ত্রী, কেহবা প্রধান মন্ত্রী এবং কেহবা পার্লামেন্ট মেম্বার!

Chapter 3 Section 87

ন্যাশনালইজম, রেসিজম, ফ্যাসিজম "ষ্টেটিজম" এর ভিটাল শক্তি। রাষ্ট্রবাদ বা রাষ্ট্রতন্এ তথা ষ্টেটিজম মানব সৌহাদ্যতার অসুভ শক্তি!

Chapter 3 Section 88

পদলেহন আর নেতাগিরী না সচেতনা, মুক্তি ও স্বাধীনতা?

Chapter 3 Section 89

দলের দাস হওয়া নয়, বরং ন্যায়-নীতিতে জনগণের আন্দোলনে সমর্থ দেওয়া, পাশে থাকা, এগিয়ে নেওয়া কি রাজনীতি নয়?

Chapter 3 Section 90

You have to doubt things to understand what freedom really is. Do you know how to achieve this?

Chapter 3 Section 91

সবটা জানার উপায় কী?   মিডিয়ায় প্রপাগান্ডা না তথ্যগত গভেষণা? ব্যক্তি যখন তোতা পাখীতে পরিনত হয়ে পড়বে,তখন তাহা জানা বা না জানায় বিশেষ কোন অর্থ রাখেনা।

Chapter 3 Section 92

আধিপত্যবাদের বিরুদ্ধে গণমুক্তির সংগ্রামকে জোড়দার করে তুলুন!

Chapter 3 Section 93

Jesus was crucified by demands of the Jews. He was a victim of violence! Roman Governor, Pontius Pilate was obliged to give the order to die.

Chapter 3 Section 94

নীতি কথায় নীতি-চরিত্রহীন মানুষ প্রভাবিত হয়না। নীতি-চরিত্রহীন মানুষ প্রভাবিত হয় মেডিয়া-প্রপাগান্ডা, আবেগ ও ভাবাবেগে।

Chapter 3 Section 95

কবির সেই অন্দকার কি? অজ্ঞতা! দলীয় বা বংশীয় দাসত্ব! পদলেহীতা?? জমা-খরচের বড় প্রশ্নটিতো এখানেই নিমজ্জিত।

Chapter 3 Section 96

নৈরাজ্যবাদ শাসক শ্রেণির তাবেদারী করেনা । বিশ্ব বিপ্লবের ইতিহাস পড়ে দেখুন! নৈরাজ্যবাদ রাষ্ট্র-এলিটতন্ত্রের গোলামীতে বিশ্বাসী নয়। প্রকৃতি হচ্ছে, আমাদের একমাএ মৌলিক সংবিধান।

Chapter 3 Section 97

Without knowing enough, stupid people can convert their thoughts of knowledge very quick!

Chapter 3 Section 98

Monotheism, Theism, Agnosticism and Atheism are not all the same.

Chapter 3 Section 99

If you're an atheist, shouldn't you neither believe in demigods? Just in case, if I'm not mistaken...

Chapter 3 Section 100

Let`s say, you believe in God, who can be our only Master heavenly and earthly. Are you referring to God himself or any other human authority?

Chapter 4

Chapter 4 Section 1

বর্তমান সময়কালে শাসক-শাসিকার দাসত্ব বরন করা কষ্টকর নয়! কিন্তু দাসত্ব মুক্ত জীবন সংগ্রামকে এগিয়ে নেওয়া ভীষম কষ্টকর। কারন, চেতনাশীল হওয়া কঠিন অধ্যাবসায় যুক্ত ব্যাপার?

Chapter 4 Section 2

শাসক-শাসিকার জয়ন্তী পালন করছে যাহারা তাহারা কি বিপ্লবী শক্তি? না প্রতিবিপ্লবী শক্তি??

Chapter 4 Section 3

লড়তে হবে, বর্ণবাদের বিরুদ্ধে; – লড়তে হবে, জাতীয়তাবাদের বিরুদ্ধে; – লড়তে হবে, রাষ্ট্রতন্ত্রের বিরুদ্ধে। ও ওখানেই প্রতিবিপ্লবী অপ-শক্তির সমস্ত আস্তাখানা আর ঘাঁটি।

Chapter 4 Section 4

সংকির্ণতা এবং ব্যাপকতা দুইটি বিপরীত শব্দার্থ। বর্ণবাদ, জাতীয়তাবাদ বা ন্যাশনালইজম, রাষ্ট্রবাদ এই ২টি বস্তুর সাথে সামাজিক শোষণ, আধিপত্য ও দমন-নিপীড়ণ জড়িত। মোট

এই তটি সংকির্ণ অবস্হান থেকে মুক্তির জন্য আমাদের বিপ্লবী দর্শন।

Chapter 4 Section 5

রাজতন্এ+রানীতন্এের অপর নাম চলমান প্রথায়, রাষ্ট্রতন্এ বা এলিটতন্এ। গণতন্এ হচ্ছে, সেই প্রথাকে টিকিয়ে রাখার একটি ধারাবাহিক পদ্ধতি।

সাধারণ মানুষকে তাহার (প্রথার) বংশক্রমে লেজুরবাদী হওয়ে থাকার জন্য, নাম দেওয়া হয়েছে গণতান্এিক সংবিধান! ইসলাম শিখে অতপর বাংগালী মোছমান চুড়ান্ত ইবাদতটি রাখছে আল্লাহর প্রতি না শয়তানের প্রতি?

ইসলাম শিক্ষা দিয়েছে মজলিসের। আপনি শিখেছেন, গণতন্এ! গণতান্এিক স্বেরতন্এ ইসলামে জায়েজ কী?

Chapter 4 Section 6

ভাব দিয়ে সমস্যার সমাধান হয়না বরং বাস্তবতা দিয়ে কর্মঠতা, অদম্য সংগ্রামই জীবনের পথ।

Chapter 4 Section 7

অগ্রগতি নির্ভরকরে, পরিবেশ-পস্হিতি, শিক্ষা, অদম্য দৃঢ়তা, আগ্রহ ও আর্থীক কর্ম-প্রয়াসের উপরে।

Chapter 4 Section 8

যাহারা বলে যে, নেতৃত্ব আসে আসমানের নির্দেশে, তাহাদের অপার্থিব (অলৌকিক,-অতীন্দ্রিয়) জীবনের মূর্খতায় আক্রান্ত এই দেশের মানুষ আজও তাই, শাসক-শাসিকার পদতলে হচ্ছে,নিমজ্জিত?

Chapter 4 Section 9

হাছিনার রাষ্ট্র খাঁচায় বন্দী তোমরা। দুঃখ হয় তোমাদের জন্য। সচেতনা মানেনা কোন বাঁধা! তোমরা সংগঠিত তবুও প্রতিরোধের শক্তি কেন তোমাদের ক্ষিণ? মওলানা ভাসানীর

কণ্ঠে বলিতে হয় আজ, "দুর্নীতি ও নিপীড়নের তখত তাউশ জ্বালিয়ে দাও-পুড়িয়ে দাও!"

Chapter 4 Section 10

কান্না, ব্যথা, অভাব, অভিযোগ নিয়ে মৃত্যুবরন করা, আল্লাহর শক্তির প্রমান্যতাকেই অস্বীকার করে।

Chapter 4 Section 11

শিক্ষা, চেতনা, উপলব্ধি ক্ষয় হয়না, মৃত্যুবরন করেনা কিন্তু ব্যক্তির মৃত্যু হয়।

Chapter 4 Section 12

আওয়ামি লীগের লেজুর সংগঠন ও তাহাদের মোর্ষাগুলি বাম নয় বরং তাহারা রামপন্হী। আমি তাহাদের একটিভিটিজ লক্ষ্য করে এই সিদ্ধান্তে এসেছি। দুণিয়ার কোথায় ও বামপন্হী, সরকারের পালিত ভৃত্য হয়ে পড়েনা?

তথাকথিত লেনীনবাদী-ষ্ট্যালিনবাদীরা যেই ভাবে ভৃত্য হচ্ছে!?

Chapter 4 Section 13

মায়ের থেকে মাসীর দরদ আজ বেশী। পুরুষ দিচ্ছে, আজ নারীবাদের শিক্ষা? পড়াচ্ছে নারীবাদ, নারী ইচ্ছা করিলে যে কোন পুরুষকে গ্রহন করিতে পারিবেন। যখন ইচ্ছে যে কোন পুরুষের কাছ থেকে বা কৃত্রিম ভাবেও সন্তান জন্ম দিতে পারিবেন! আবার ঐ সকল নারীদের একটি অংশ মোছলমান পরিবার থেকেই আগত।

Chapter 4 Section 14

এই দেশের খলদের রাজনীতিকে শক্তিশালী করে তোলার জন্য যে সকল নেতৃত্ব সৃষ্টি করেছে অসচেতন-জনগন, তাহারই ফল-ফসল পাচ্ছে তাহারা এখন!

Chapter 4 Section 15

Too much tolerance is a crime. Is it a crime that continues to increase or does it decrease? Wise people have to answer that...

বেশী সহয্য করিলে গুণা বা অপরাধের পরিমানও ক্রমান্বয়ে বৃদ্ধি পেতে থাকে, না কমিতে থাকে, বিজ্ঞ-জনরা তাহা বলুন?

Chapter 4 Section 17

তরুন বয়সে আমি মাওবাদ, চারুমজুমদার সহকারে সিরাজ সিকদার ও অন্যান্য একট্রিম লেফট রাজনীতির প্রতি শ্রদ্ধায় অবিভুত হয়ে উঠেছিলাম। কারন, সেই রাজনীতি আমার শ্রেণি অবস্হানের প্রতিনিধিত্বশীল ওয়াজ-নসীবং করিতেন। যেমন, "লাংগল যার জমি তাহার!" "বন্দুকের নল থেকেই

সর্বহারার রাজনৈতিক ক্ষমতা বেড়িয়ে আসে।" ইত্যাদি। কিন্তু আমার তৎকালিন ধর্ম বিশ্বাস আমাকে অনেক পথ পীছিয়ে রেখেছিল। অতপর ১৯৭৬ সালের দিকে আমিও বড় একট্টিম তাত্ত্বিক হয়ে উঠি এবং তত্ত্ব রচনা করি যে, "সস্এ বিপ্লবই সর্বহারার রাজনৈতিক সমস্যা সমাধানের একমাএ বলিষ্ঠ হাতিয়ার।" ঐ সকলের ক্রমউন্নয় দার্শনিক শিক্ষ্মায় আমার বর্তমান অবস্থান , আমি একজন নৈরাজ্যবাদী। রাষ্ট্র-যন্এের ঈশ্বরের ধোঁকাবাজিতে সম্পূর্ণ অবিশ্বাসী। অর্থাৎ রাষ্ট্র-ব্যবস্থা ঐ শ্রেণী ব্যবস্হায় কোন তফাৎ নেই।প্রিভিজ শ্রেণীর এলিট-আমলাতন্এ, দুর্নীতির আঁখড়া ! দুর্নীতির কেন্দ্রিয় আখড়া বিলুপ্তি বা ধংস না হইলে আমাদের মুক্তি ও স্বাধীনতা অথহীন।তাই,রাষ্ট্র-নৈরাজ্যতার বিরুদ্ধে মুক্তি যুদ্ধের আহ্ববানে, আমাদের সকলকে সারা দেওয়া উচিৎ।

Chapter 4 Section 18

পরিস্থিতির বাস্তবতাই জন্ম দিতে সম্ভব তোমার চিন্তাধারার সুক্ষ্মতা।সুক্ষ্ম চিন্তা-ধারার দর্শন ব্যতিত, তুমি ফুটে উঠিতে সক্ষ্মম হবেনা।

প্রলেটারীয়েতের রাষ্ট্রনামক তথাকথিত কমিউনিজম তথা ষ্ট্যালিনবাদী সামান্ত শ্রেণীর পার্টি একনায়কতন্এ এবং তথাকথিত ইসলামী রাষ্ট্রের অর্থনৈতিক মূলমন্এ এক । কিন্তু প্রলেটারীয়েতের প্রভু হচ্ছে, পার্টি পলিট বুরো, এলিট শ্রেণি। অন্য দিকে ইসলামী রাষ্ট্রের প্রভু হচ্ছে, "আল্লাহ'র" নামে

162

মোছলমান বুজর্গ তথাকথিত মুফতি ও আলেমগন ও তাহাদের তথাকথিত সম্ভ্রান্ত শ্রেণি ! উভয়ের কর্মসুচি ও রাষ্ট্র ব্যবস্হার ভিত্তি নৈতিক ও অর্থনৈতিক শোষন! এবং নিজেদের প্রিভিলেজ (Privilege) তৈররী করা, রক্ষা করা ।

পৃথিবীর কোন রাষ্ট্র নামে পরিচিত রাষ্ট্র নাই যেখানে শোষণ নাই। তাই, রাষ্ট্রহীন জীবন-ব্যবস্হার নাম হচ্ছে, শোষণহীন স্বাধীন জীবন ব্যবস্হা।

- নৈরাজ্যবাদ ।

Chapter 4 Section 19

ব্যক্তি স্বাধীনতা বনাম রাষ্ট্র-সন্ত্রাস! রাষ্ট্র প্রতিক্রিয়াশীলদের বৃহত্তর অস্ত্র; তাহা,ব্যক্তি স্বাধীনতা, তথা ইনসাফ বা অর্থনৈতিক সাম্য-সমতার পরিপন্হী।

যাহারা দাবি-দাওয়া ভিত্তিক পথে বিশ্বাসী তাহারা হচ্ছে, সরস্কারবাদী।সংস্কারবাদী বা পন্হী ও বিপ্লবী সম্পূর্ন ভিন্ন পথ ও মতে বিশ্বাসী । সংস্কার থেকেই জন্ম নিয়েছে স্বৈরতন্ত্র জনগণের মাথার উপরে আসন স্হাপন করে শক্তি প্রয়োগ করার , জনগণকে দমন করার । সংস্কার নয়, একটি আমূল পরিবর্তনের প্রয়োজন যাহার নাম বিপ্লব। গণ-সংগ্রামকে তরান্বিত   করার মধ্যেই --শাসক শ্রেণির দমন বর্বরতার

মধ্যে গড়ে উঠবে, উঠতে বাধ্য হবে, শসস্এ সংগ্রাম । যাহার প্রমান দিচ্ছে , বিশ্বের পূর্ববর্তী সকল রাজনৈতিক ইতিহাস।

Chapter 4 Section 20

যীহবা, আল্লাহ, প্রভু, ঈশ্বর, ভগবানের সংবিধান, তাহা কি স্হায়ী না অস্হায়ী?

Chapter 4 Section 21

"আল্লাহ" কি বস্তু? তাহা কি ক্রয়-বা ভোগ করার বস্তু? মানুষের বহু রুপী বিশ্বাস।গভেষণায় দেখা যায় যে, মুলত (আদোতে)সেই সকল মিশ্রিত বিশ্বাসগুলিই তাহার চারিত্রিক ধর্ম।

Chapter 4 Section 22

Statism is slavery under the coercive system, because it is concerning power politics.

Chapter 4 Section 23

If I dislike your authoritarian democracy state, what do you think about me? Who am I? You are saying, that democracy is not the law of force! So, what it is then?

Chapter 4 Section 24

The truth about parliamentary politics is the upper class' business in any society around the world. It is similar to any other top profitable company. Do you think any reputational business exists without getting profit? Please let me know how profit exists without theft and personal gain! Could you explain to me also, what EXPLOITATION is all about?

Chapter 4 Section 25

They speak well. Most nice speakers are high educated; do you live miserably because of those privileged nice speakers?

All of this fundamentally caused the political revolution and Counter-revolution! Tell me please, who represents the ruling class?

Chapter 4 Section 26

There are people who got money, property, wealth, luxury, and higher education. I don't care if they are believers or unbelievers. I think characteristically they are all the same.

Chapter 4 Section 27

In politics, the abuse of democracy creates the mother of all acts of violence.

Chapter 4 Section 28

What is democracy? Democracy is an authoritarian power. That means it is the highest tax force of the state. It is the conflict between two or more groups of political parties.

Chapter 4 Section 29

শিক্ষার অপর নাম সম্পদ বা ক্যাপিটেল।সুশিক্ষাই সুপথের দর্শন।

Chapter 4 Section 30

I doubt that they were able to clearly understand the meaning of state-language (Bangla) and state-division !

Chapter 4 Section 31

কথার মত কথা না বলিতে পারিলে চুপ থাকা সংগত, ঠিক।বলিতে পারিলে না বলার কোন অর্থ হয়না?

Chapter 4 Section 32

It doesn't matter if God exists or not. The state is ruled by the Lords and their devils ! Humanity is more vulnerable here on earth.

Chapter 4 Section 33

অজ্ঞানতা থেকে জ্ঞানের আর্বিভাব।তুলনামূলক অজ্ঞানী,হেয়ালী,ও রোগাগ্রস্ত দুর্বলরা হচ্ছে জ্ঞানীদের সম্পদ? উদাহরন সরুপ বলা যায় যে, ডেমক্রেসী হচ্ছে, জ্ঞানী চালাকদের ব্যালটের শক্তি। এই ব্যালটেই কেহ নিযুক্ত হন মন্ত্রী, কেহবা উপ-মন্ত্রী, কেহবা প্রধান মন্ত্রী এবং কেহবা পার্লামেন্ট মেম্বার!

Chapter 4 Section 34

গড় হচ্ছে ব্যবসায়ীদের মুনাফা আর অসহায় মানবের হৃদয়বিদারক কান্না!

Chapter 4 Section 35

শৈশব তোমাকে যেই শিক্ষা দিয়েছে, তুমি যদি না চাও তবে, পৃথীবির এমন কোন রক্ত-খেকো নেই যে, তোমাকে রক্ত চুষে চিবিয়ে খেতে পারে?

Chapter 4 Section 36

আপনাকে সুএ ধরে অগ্রসর হইতে হবে। সুএ না জানিলে কিছু জানা হবেনা। দেব, দেবী, প্রভুতন্এর অবসান ব্যতিত মানুষ তাহার সুখ ফিরে পাবেনা।

Chapter 4 Section 37

ছয় দফা ছিল আগরতলার ভিও প্রস্তর । আগরতলা কোথায় ? "RAW" কাহাদের প্রতিনিধি, কাহাদের প্রতিষ্ঠাতা, কি তাহাদের উদ্দেশ্য? কে বা কাহারা তাহা বুঝেনা, বুঝিতে চায়না । রাজনীতিতে তাহার বা তাহাদের ক, খ, গ সমতুল্য জ্ঞান-বুদ্ধিটুকুও কি নাই?

পূর্ব পাকিস্তান তথা পূর্ব বাংলাকে ভারতের আধিপত্য থেকে মুক্ত করিতে হইলে পাকিস্তানের সংহতি একান্ত কাম্য । "কোন ক্ষুদ্র-দেশ একা তাহার স্বাধীনতা-স্বাতন্এতার প্রহরী হইতে পারেনা।"

অর্থনীতি ও রাজনীতি তাহা বুঝার প্রকৃত স্বীকৃতি নয় কি । প্রশ্ন করি যে, বাংলাদেশের বাজার কাহাদের হাতে ? এবং পৃথিবীর   কোন শক্তির অণুপস্হিতি বাংলাদেশের বাহিরে ??

Chapter 4 Section 38

It seems that the ruling by elites lasts forever. They continuously play with our lives in the name of democracy! But we never get peace, justice, liberty and equality...

Chapter 4 Section 39

গরীব, মেহনতী   জনতার রাষ্ট্র কোথায়? সব যে, মাফিয়জিদের মেলা! অসচেতন মুর্খদের ফাঁকি দেওয়ার সর্ব শ্রেষ্ঠ আকৃষ্টকর খেলা ঐ রাষ্ট্রীয় মেলারে ভাই, রাষ্ট্রীয় মেলা। তুমি ভাই, বিশ্বাস কর ধনীদের ভালবাসা, প্রার্থনা আর দোয়া? কত বোকারে ভাই, তুমি এখনো কত বোকা! শোষণ-মুনাফা ব্যতিত ও আর কিছু বুজেনা, ওরা সৃষ্টি করে এ্যার্নাকি, আর তাই আমরা এ্যার্নাকিষ্ট।

Chapter 4 Section 40

জাতি নয় ব্যক্তি। প্রতিটি দুষ্ট লোক জাতির বানী ছড়ায় কিন্তু প্রধান লাভবান কাজটি করে থাকে সে তাহার নিজের।প্রতিটি ব্যক্তি যখন সে তাহার নিজ-নিজ কাজ করিবে তখন তাহার আল্টিমেটলি রেজাল্টি কি দাড়াবে? সকল সমস্যার সমাধান নিহিত হবে সেখানে। আমরা যাহারা

জাতিকে গড়াররর তকমা দিয়ে বেড়াচ্ছিলাম প্রকৃতপক্ষে আমাদের কিছুই গড়া হয় নাই! গড়তে হবে নিজেকে তবেই গড়া হবে,দল, বল ও তথাকথিত জাতিকে।

Chapter 4 Section 41

Knowledge is a question of gaining experience but not really a question of exploiting, lending, and selling. But there does not exist such morality in capitalism.

Chapter 4 Section 42

How many percent of educated people are not involved in corruption? Who knows?

Chapter 4 Section 43

পূর্ব বাংলার মানুষের রাষ্ট্রযন্ত্র সম্পর্কে জ্ঞান অজর্নের প্রয়োজন।তাহা না হইলে ক্লিয়ার হবেনা যে, রাষ্ট্রযন্ত্র কি জিনিষ, সরকার বা আমলাতন্ত্র সমাজে কোন শ্রেণি ভুক্ত।ধর্ম গণতন্ত্রকে পরিচালনা করিতে সমর্থ হবে কতটুকু? জনশক্তির নিকট ধর্মের গুরুত্ব আছে কিনা?

স্বৈরতন্ত্রের বিভিন্ন রুপ জানিতে হইবে।অতপর স্বৈরতন্ত্রের কবর খননে কি কি ব্যবস্হা গ্রহন করা বাঞ্ছনীয়! তাহাও জানিতে হইবে।

সাইকোল্যজিতে আমরা পড়েছি যে, ব্যক্তি-মানুষের এক বা একাধিক মটিভ থাকে। সেহেতু, কোন রাজনীতি মটিভ বিহীন নয়!

Chapter 4 Section 44

অনেক বিলম্বে বাংলাদেশের মানুষ শত্রুকে চিনিতে পেরেছে কিন্তু বিপ্লবী সিরাজ সিকদার পূর্ব থেকেই বুজে ছিলেন এবং চিনেছিলেন তাই, মাএ ৩০ বৎসর বয়সেই আওয়ামি লীগ-বাকশালী রাষ্ট্রযন্ত্রের গুলিতে বিনাবিচারে জীবন দিতে হয়েছিল তাহাকে!

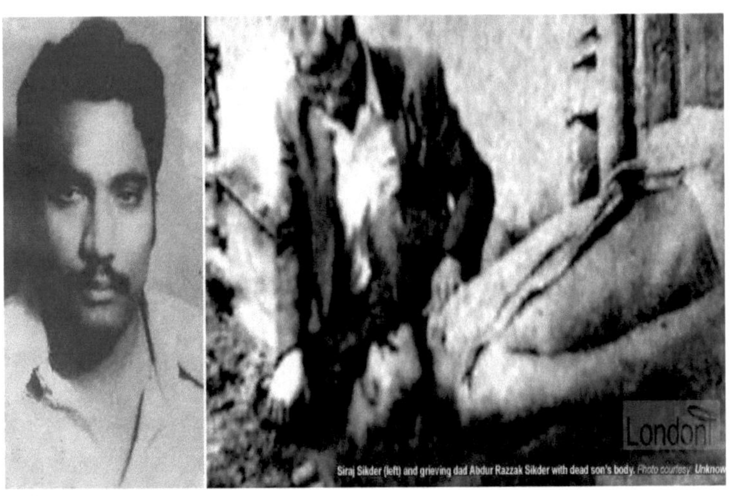

লেনীনবাদ-ষ্ট্যালিনবাদ "সাম্রাজ্যবাদ বিরুদ্ধী" তত্ব দিয়ে জনগণকে বিভ্রান্ত করেছিল এবং এখনও বিভ্রান্ত করে যাচ্ছে।লেনীনের এপ্রিল থিসিসটি ছিল তাহার মূলকেন্দ্র। যাহাতে বলা হয়েছিল জাতীয়তাবাদ বা জাতীয় আত্মনিয়ন্এনাধিকার। তংকালিন সমগ্র সোভিয়েত সমাজতান্এিক ফেডারেশনটি ছিল পার্টি পলিটবুরুর নিয়ন্এনে আবদ্ধ? সম্প্রসারণবাদী-সাম্রাজ্যবাদী চরিএ পোষণ করে তাহার বিরুদ্ধে যাহারা বক্তব্যদেয় তাহারা মেকি বা থল।ইতিহাস সেই শিক্ষাদেয়।

সমগ্র দুণিয়ার রাষ্ট্র নামক ব্যবস্হাবলী সাম্রাজ্যবাদী পুঁজি নিয়ন্এিত এবং পুঁজিবাদের সেবা করারই হচ্ছে, রাষ্ট্রবাদ।

Chapter 4 Section 46

Prime Minister Hasina's government power has been without a choice for 13 years in Bangladesh. Western politicians do not react to such an undemocratic process. But how does Hasina's business go with the whole world without objection?

What is the real meaning of democracy? And how should it be lead? Is democracy a one-way street?

Chapter 4 Section 47

সশস্ত্র অপ-শক্তির বিরুদ্ধে লাঠি, জুতা, বিপ্লবের কোন উপযুক্ত হাতিয়ার নয়। বাংলাদেশের মূর্খ ডেমক্রেসীর জনতা তাহা বুজলেন না। মৃত্যুর কাপনের কাপড় হাতে না নিয়ে জালিম-জালিমার বিরুদ্ধে সংগ্রাম ঈমানের শক্তিতে অর্থবোধক হয়না ?

Chapter 4 Section 48

উচ্চ শিক্ষা ও রাজনীতি, সম্পদ বর্হিভূত নয়! শিক্ষা-সম্পদকেই রাজনীতি সেবা করে থাকে।ব্যতিক্রমতার কথা বলা হচ্ছেনা। কারন তাহাদের সংখ্যা স্বল্প।

Chapter 4 Section 49

প্রতিটি মানুষের দৃষ্টি ভংগি তাহার শিক্ষা ও চেতনা নির্ভরশীল। শিক্ষা-চেতনা কি অর্থনীতি বা সম্পদ বির্হিভূত?

Chapter 4 Section 50

মানুষের বিশ্বাসের প্রতি কোন প্রতিবাদ নাই আমার। আমার প্রতিবাদ, অর্থনৈতিক অসাম্যতার বিরুদ্ধে! যাহাকে কোন অবস্হাতেই আমরা ধর্ম ও ধর্ম-বিশ্বাস বলে মেনেনিতে পারিনা?

Chapter 4 Section 51

মানুষের সমগ্র জীবনটিই তাহার অর্থনৈতিক জীবনের সেবা দাস। এখানে মার্ক্সের বিশ্লেষণে শ্রেণি অবস্হানকে ধরে নিতে পারি আমরা।

Chapter 4 Section 52

We are not divided in male or female. Both are natural human beings. Why do some people outcries? What is their objective goal!

Chapter 4 Section 53

গণতন্ত্রের আলখোল্লা পড়ে পরিবারতন্ত্রের বলির কাষ্ঠে কতজন ব্যক্তিকে এযাবৎ ফাঁসি দেওয়া হলো বাংলাদেশে তথা পূর্ব বাংলায়! স্বাধীনতা তুমি কী জংগীবাদের আস্তানা?

Chapter 4 Section 54

Political nationalism is an inhuman racial affair!

১৯৪৭ সালে ভারত বিভক্তিতে মজিবুর রহমান পাকিস্তান আন্দোলনে জড়িত ছিলেন কেন? ১৯৪৬ সালে কলিকাতায় দাংগায় ইয়ং মুসলিম লীগ মজিবুর রহমান রায়ট করেছিলেন কেন? মজিবুর রহমান পাকিস্তানের মন্ত্রী ছিলেন কেন?

মজিবুর রহমান পাকিস্তান সৃষ্টির পর থেকে পাক পার্লামেন্টের সদস্য ছিলেন কেন? দেখুন, এই ছবিতে কাকে বেশী আনন্দিত বলে দেখা যাচ্ছে?

পূর্ব-পশ্চিম পাকিস্তানী প্রাক্তন প্রেসিডেন্ট, মোহাম্মদ আয়ুব খান এবং পাকিস্তানের প্রাক্তন স্বল্পকালিন মন্ত্রী এবং মেম্বার অফ পার্লামেন্ট, শেখ মজিবুর রহমান।

Chapter 4 Section 55

ওরা ওদের অধিকার নিয়ে স্বোচ্ছার নয়! স্বাতন্ত্রতা ব্যতিত কেহ কাহাকেও অংশিদারিত্বে বসায়না? স্বাতন্ত্রতা হয়ে উঠুক, সোচ্ছার! যে রাষ্ট্র পরিবারতন্ত্র ও শাসক শ্রেণির জন্য নির্ধারিত করা থাকে সেখানে গণ-অধিকার থাকে, শাসক – শ্রেণির পদতলে নির্যাতিত?

Chapter 4 Section 56

আমি আমিই সুতরাং আমাকে অন্যভাবে গড়ে তোলা হবে, একটি অযুক্তিক প্রচেষ্টা। কাচা মাটি ইটে পরিণত হ'লে তাহার রুপ ও কর্ম-ক্ষমতা পরিবর্তন হয়। ক্ষুদা নিবারিত দেহে খাদ্যের প্রয়োজন নাই।

Chapter 4 Section 57

মানুষ তাহার চরিত্র পরিবর্তন করে সুযোগ পেয়ে অথবা জ্ঞান পেয়ে, অন্যথায় পথ না পেয়ে বাধ্য-বাধকতার চাপে পরে। ইহার বাহিরে চরিত্রকে পরিবর্তন করার পথ কোথায়?

Chapter 4 Section 58

প্রত্যেককে তাহার ধর্ম আদর্শ বা দর্শন নিয়ে কাজ করা উচিৎ।ভারতের হাত থেকে মুক্ত হতে চাইলে ভারত সরকারের পদলেহী লেজুর সরকারের বিরুদ্ধে রুখে দাড়াইতে হইবে।এই প্রসংগে আর অদ্বিতীয় বক্তব্য কি হইতে পারে?

Chapter 4 Section 59

বিপ্লব স্বয়ং একটি ভাস্কর্য! জীবন্ত ভাস্কর্য।পরিবারতান্ত্রিক মাফিয়া-সন্ত্রাসী রাষ্ট্রের চেহারা উন্মোচন করুন! তাহাকে উৎখাত করুন । মুক্তি ও স্বাধীনতার বৈপ্লবিক ভাস্কর্যে নিজ চরিত্রকে রুপায়িত করুন !

Chapter 4 Section 60

ইসলাম একটি ধর্ম-সংস্কৃতি অবশ্যই কিন্তু তাহার বাহিরে কিছু নয়।ঠিক তেমনি কোন শিক্ষা-মতবাদ বা মতাদর্শও তদ্রূপ।তাহার বাহিরে অবশ্যই কিছু নয়।বিচার ব্যবস্হার কাঠামো নির্ভরশীল হয়ে উঠে ঐ সকল যে কোন ধর্ম, অর্থনীতি বা যে কোন মতবাদের প্রতিরুপ।বাংলাদেশের জনগণের অবস্হান কোথায়? ইহাই হচ্ছে, বাংলাদেশ সম্পর্কে সবচেয়ে বড় প্রশ্ন?

Chapter 4 Section 61

নিজ রাষ্ট্রে জনগণের খাবার জোটাতে পারেনা অথচ প্রধান মন্ত্রীত্ব! ধর্ম এবং রাষ্ট্রের মেকী আলখোল্লাদাড়ীদের মুখোশ উন্মোচন করুন!

Chapter 4 Section 62

মানুষের মেহনত বিক্রি করে মানুষ পাচার করে তৈরী করা হয় বাংগালী জাতীয়তাবাদ ও বাকশালী প্রভু মূর্তি-ভাস্কর!

Chapter 4 Section 63

বিষয় সূচির প্রতি পরিপক্কতা অর্জন করার জন্যই সচেতনা অপরিহার্য। সচেতনা এড়িয়ে কোন লেবাসধারী খল ধর্ম-মতবাদ, ব্যক্তি-মানুষকে তাহার লক্ষ্য অর্জনে এগিয়ে নিতে পারেনা।বিষয় সূচির অর্থ যদি এখানে রাষ্ট্র-বিপ্লব হয় তবে, অতি গুরুত্বতার সাথে আপনাকে প্রশিক্ষন ও প্রস্তুতি নিতে হবে। স্বেরতন্ত্র বিরুধী প্রতিটি কর্ম-কান্ডকে উৎসাহিত করে তোলা উচিৎ হবে।নৈরাজ্যবাদ রাষ্ট্রক্ষমতায় বিশ্বাসী নয় কিন্তু মুক্তি আন্দোলনে বিশ্বাসী।

- Throughout history there have been plenty of examples of anarchy. Whether it be during a revolution, in times of political transition or societal upheaval - history has seen its share of anarchy!

- Examine the following pictures...consider what conditions are evident, what types of people are involved, the historical consequences and overall atmosphere present when anarchy is taking place.

কৃষক-শ্রমিকের জন্য বলিউডের নাট্য-চিএের চোখের কৃত্রিম জল দেখার প্রয়োজন আর আমাদের নেই। কৃষক-শ্রমিকের ঐ বাম-রামের উলংগপনার রহস্য বুজার আর আমাদের বাকি নেই? কাহারা আজ রাষ্ট্রযন্এের সর্বোচ্চ আসনে অধিষ্ঠিত? কাহারা ঐ প্রতিক্রিয়াশীল যন্এের মেএি মোর্চা! কথিত রাম-বামরা নয়কি? তথাপি কৃষক-শ্রমিকের দুর্দশা কেন?

Chapter 4 Section 65

যাহার নিজ সমস্যা ঘরের সমস্যার সাথে জড়িত তাহাকে ঘরের সমস্যার দিকে বিশেষ ভাবে নজর দিতে হইবে,তাহা সমাধানে সর্ব প্রথম কাজ করিতে হইবে।

Chapter 4 Section 66

তোষামোদকারী, পদলেহীদের ধর্ম-রাজনীতি কি?রাষ্ট্রবাদ জিন্দাবাদ তাহাদের একমাএ মূল ধর্ম। ক্ষমতায় যিনি তাহারই পূজা কর, পূজা দাও!রাজনৈতিক বিপ্লবের সবচেয়ে সূক্ষ্ম-তীক্ষ্ণ

দর্শনের অস্ত্র হাতে নিতে শিখেছি। তাতে ভীত-সন্ত্রস্ত বিপ্লবের শত্রুগণ!

Chapter 4 Section 67

ভারত দেবী ইন্দিরা গান্ধী ব্যতিত পূর্ববাংলার বা পূর্ব পাকিস্তানের বিচ্ছিন্নতা সফল হ'তনা।কোন বিচ্ছিন্নতাকে যদি স্বাধীনতা বলা হয় তবে, তাহা হবে কি ভূল না শুদ্ধ?

বিচ্ছিন্নতা যে, স্বাধীনতা নয় বরং বাংগালী বুজোর্য়াদের ক্ষমতা ও পদবী লালুপতা । সেহেতু, তাহাই দেশের বৃহওর স্বাধীনতা (ভৌগলিক) জলাঞ্জলী দেওয়ার মূলে কাজ করেছিল এই কথাটি সকল ক্ষমতা-লোভীদের কথিত মুক্তি যুদ্ধের একমাএ শাস্ত্র! যাহা মূলত অশাস্ত্র ।

Chapter 4 Section 68

ব্যক্তি সচেতনা পরিবারিক আধিপত্য নয়।চিন্তাধারা এবং আদর্শের ক্ষেত্রে দ্বন্দ থাকবেনা উহা চরম মূর্খতার অভিব্যক্তি।

Chapter 4 Section 69

The individual conscious is not a family issue. There will be no conflict between thoughts and ideals. That would be an expression of utmost stupidity.

Chapter 4 Section 70

সংকির্ণতা এবং ব্যাপকতা দুইটি বিপরীত শব্দার্থ। কিন্তু উভয়ের সংযুক্তি, সম্প্রীতি অটুট। বর্ণবাদ, জাতীয়তাবাদ বা ন্যাশনালইজম, রাষ্ট্রবাদ এই তটি বস্তুর সাথে সামাজিক শোষণ, আধিপত্য ও দমন-নিপীড়ণ জড়িত। এই তটি সংকির্ণ অবস্হান থেকে মুক্তির জন্য আমাদের বিপ্লবী দর্শন, নিরাজ্যতা বা রাষ্ট্রহীন স্বাধীন মুক্ত সমাজ, আমাদের সামাজিক আন্দোলনের মূল লক্ষ্য । ইহাই নৈরাজ্যবাদ এবং তাহার বৈপ্লবিক কর্মসূচির একটি মাএ সহজ সরল মানবিক লক্ষ্য।

Chapter 4 Section 71

অসংখ্য মানুষকে কাল-ম্যাজিকের মন্এ ও ভাব দ্বারা ঘুম পড়িয়ে বাংলাদেশ সরকার তাহার দাসত্ব ও পদলেহী সংখ্যা বৃদ্ধির তালিকা তৈরী করে যাচ্ছে!

Chapter 4 Section 72

ভাব দিয়ে সমস্যার সমাধান হয়না বরং বাস্তবতা দিয়ে কর্মঠতা, অদম্য সংগ্রামই জীবনের পথ।জীবন গড়ার পথ। উহাই সংগ্রাম ও বিপ্লবের মৌলিকতা।

Chapter 4 Section 73

অগ্রগতি নির্ভর করে পরিবেশ-পরিস্হিতি,শিক্ষা, সুস্হ্যতা,আগ্রহ ও আর্থীক কর্মপ্রয়াসের উপরে।সংঘর্ষে শক্রকে নয় বরং শক্তির অপ-শক্তিকে হরন করিতে হইবে, বিকল করিয়া তুলিতে হইবে। উহাই বিপ্লবীদের রণ-কৌশল!

Chapter 4 Section 74

মৃত্যুর পূর্ব পর্যন্ত মানুষের চাওয়া-পাওয়া কি শেষ আছে? সামাজিক সাম্য গড়িতে অর্থনীতিতে কোথায় আছে তাহার বাধা? "অর্থনীতি বিষয়টি" কি মানুষের তৈরী না অজানা (অলৌকিক) শক্তির গড়া?

Chapter 4 Section 75

এক সময় মানুষ কোরান শপথ করে দেশের প্রতিইঞ্চি জমিরক্ষার প্রতিজ্ঞা করেছিল। সেই মানুষরা পরবর্তীতে নূতন

186

দেশ রক্ষার প্রতিজ্ঞা করে যাচ্ছে   ঠিক সেই একই ভাবে?
কোন প্রতিজ্ঞাটি ছিল শুদ্ধ বা কোনটি অশুদ্ধ!

Chapter 4 Section 76

কাহারো ধর্মীয় বিশ্বাসকে পাকাপোক্ত করার দায়িত্ব আমার
নয়।বরং   আলেম-থিয়ল্যাজিষ্টদের,   কারন   এইটি   তাহাদের
বিষয়।

Chapter 4 Section 77

একদিকে কিছু হুজুরে কেবলার দল-সদস্য বৃদ্ধি পাচ্ছে অন্য
দিকে গ্রুপিং সেকসিষ্টদের সংখ্যাও বৃদ্ধি পাচ্ছে! এই হচ্ছে
বাংলাদেশে বলিউড সেক্সিষ্টদের রাজনীতির হালচাল।

Chapter 4 Section 78

ধাক্কা খেয়ে পথ চলা শিখেছি । এ পথ বিশ্বের নাম করা
ইউনিভার্সিটি গুলি থেকে জন্ম নেয়নি । এ পথ, গ্রাম বাংলার
সেত-সেতে ভিজা মাটির পথ থেকে শুরু হয়েছে!

Chapter 4 Section 79

বিপ্লব না প্রতি বিপ্লব? শান্তি না অশান্তি? শোষণ-বৈষম্য না সমাধান ?

গরিবের জন্য সংগ্রাম বা লড়াই বলে কোন সংগ্রাম বা লড়াই, স্বীকৃতি সন্মত নয় ।উহার কোন বাস্তবতা নাই, কিন্তু প্রপাগান্ডা আছে। প্রতিটি সংগ্রাম ও লড়াই অতীত থেকে আজ পর্যন্ত চলছে, নিজ-নিজ অধীকারের জন্য । ধনী আর গরীবের সংগ্রাম ও লড়াইটি সেখানেই ।

Chapter 4 Section 80

ধনীরা, শিক্ষিত শোষক এলিটরা, তাহাদের সন্তানরা প্রতিবিপ্লবের খেলা জুড়ে দিয়েছে বাংলাদেশে!তাহা খন্ড-বিখন্ড করে উচ্ছেদ করাই বিপ্লবের উদ্দেশ্য।পরাজিত, সর্বকালের পরাজিত নিপীড়িত জনতার প্রতি আমার এই আহ্বান। ধুকে-ধুকে মরা থেকে এইবার বাঁচার সংগ্রামে সচেতন হউন! শামিল হউন রাষ্ট্র-বিপ্লবে আপনার ন্যায় সংগত অধিকার নিয়ে। সচেতন মেহনতী জনতার বিপ্লব জাগ্রত থাকুক, অমর হোক!

Chapter 4 Section 81

রাষ্ট্রব্যবস্হা নারী বা পুরুষের হাতে পরিচালনায় কোন ব্যবধান আসেনা। রাষ্ট্রকে বিলুপ্ত না করা পর্যন্ত নারী-পুরুষের ব্যবধান সমস্যার আধো কোন সমাধান হবে না?

Chapter 4 Section 82

আমাদের সবচেয়ে বড় প্রশ্ন হচ্ছে, শোষকদের বিরুদ্ধে আমরা লড়ব, না রাজাকার নামে ও স্বাধীনতার স্বপক্ষ শক্তি, বিপক্ষ শক্তি এবং নূতন প্রজন্ম নামে শাসিকার হয়ে, শাসকের হয়ে, দল ও বংশবাদের চিরস্হায়ী পদলেহী হয়ে থাকব আমরা? না দাসত্ব শিকলে আবদ্ধ জীবন থেকে মুক্ত হব?

Chapter 4 Section 83

আত্ম-সমালোচনা সাধারণত কোন মানুষই করেনা। বংলাদেশের প্রধান মন্ত্রী আত্ম-সমালোচনা করেন না। স্বেরতন্ত্রএ কাহাকে বলে তাহা তিনি জানেন না-কিন্তু ক্ষমতার পূর্বে জানিতেন? ইহার নামই আত্ম-সমালোচনা না করা! এখন বুজেছেন, আত্মসমালোচনা কাহাকে বলে? টেনে-হিচড়ে উচ্ছেদ না করিলে, আত্মসমালোচনার জবাব মিলিবেনা। বলেছিলেন, একসময়ে বিপ্লবী, পরবর্তী সময়ে আওয়ামি লীগ

মন্ত্রী, বিশ্বাস হন্তাকারিনী সংশোধনবাদী (Revisionist) মতিয়া চৌধুরী।

Chapter 4 Section 84

প্রকৃতিতে মানব শিশুগন যে ভাবে গড়ে উঠে সেইটিই হয় তাহার সাধারণ জীবন।

নৈরাজ্য-বর্বরতাপূর্ণ রাষ্ট্র-জগতে সশস্এ বা কলমের রাজনীতির দুটির একটি বেচে নিতেই হয়। স্বাধীনতার জন্য যাহা আমাদের পূর্ব পুরুষরা করেছিলেন ।

Chapter 4 Section 85

প্রধান মন্ত্রী থেকে শিক্ষা নেও, শত্রুকে চিরতরে দাঁত ভাংগা জবাব দাও! সশস্ত্র অপ-শক্তির বিরুদ্ধে লাঠি, জুতা কোন বিপ্লবের উপযুক্ত হাতিয়ার নয়। বাংলাদেশের মূর্খ ডেমক্রেসীর জনতা তাহা বুজলেন না। মৃত্যুর কাপনের কাপড় হাতে না নিয়ে জালিম-জালিমার বিরুদ্ধে সংগ্রাম ঈমানের শক্তিতে অর্থবোধক হয়না?

Chapter 4 Section 86

ব্যাঙ্গার্থে আমাদের সেই সময়ে একটি কথা প্রচলিত ছিল। প্রধান মন্ত্রীকে, আমি। আইন মন্ত্রীকে, ভাগেনা। আইজি কে, মামা। স্বরাষ্ট মন্ত্রীকে, চাচা। আইন মন্ত্রীকে,সমন্দি মানে শালা!এই প্রকার একটি স্বের-সরকার থেকে কি প্রত্যাশা করা যায়? হ্যা, পথ একটিই বিপ্লব!

তথাকথিত প্রতিষ্ঠা-প্রতিপত্তির পীছনে কত যে,আজানা কাহিনী,তাহা জানার সৎ ইচ্ছা আমরা কতজন রাখি ? নকল ব্যক্তিদের সফলতা আমরা অন্দভাবে প্রশংসা করে থাকি !

Chapter 4 Section 87

There is no God and therefore remove all earthly fraud gods! They are messing up the natural order. The earthly gods are like slave masters and they are authorities for people. They are evil and greedy for power. They overpower normal people. That is why authoritarian systems have to end.

Chapter 4 Section 88

আজ বাকশালী মজিববাদ । কাল হবে, স্বেরতন্ত্রের উচ্ছেদ! ইহাইতো পরিবর্তনশীল পৃথীবির ইতিহাস?

Chapter 4 Section 89

রুশ-সোভিয়েত প্রতিটি রাষ্ট্র ভৌগলিক ভাবে এখন বিচ্ছিন্ন ও-স্বাধীন।দেবতাকে শায়িত করে রেখেছেন ষ্ট্যালিন! সেই ষ্ট্যালিনও এখন নেই।

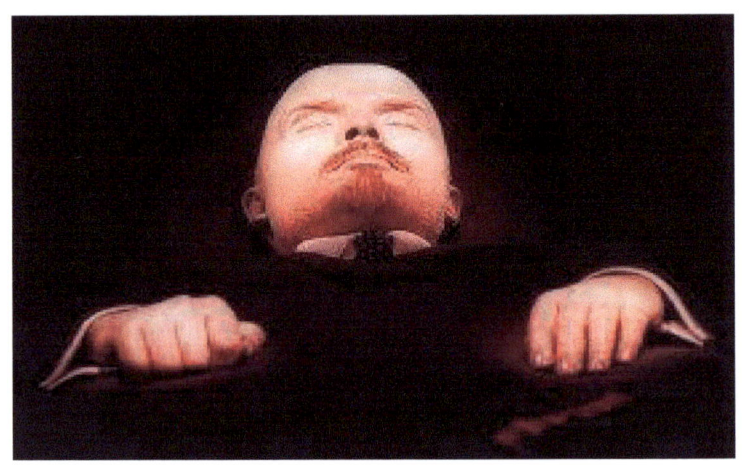

Chapter 4 Section 90

ভ্রাদিয়ানভ ইলিস লেনীনকে যিনি রাষ্ট্র-ঈশ্বরে রূপায়িত করেছিলেন তিনি হচ্ছেন, জোসেফ ষ্ট্যালিন (Ioseb Besarionis dze Jughashvili,18 December, 1878 and di. 5 March 1953) ১৯২০ থেকে ১৯৫৩ সাল দীর্ঘ ৩৩ বৎসর অসংখ্য মানুষ হত্যার অথ্যাত ইতিহাস সৃষ্টি করে তিনি স্বৈরতন্ত্রের এক জগন্যতম ঘৃণ্যা সংগ্রহ করেছিলেন, (মার্কসবাদী-লেনীনবাদী নামে), বিশ্ব-রাজনীতির কাছ

থেকে? তাহার প্রতিটি অপকর্ম, তিনি তাহার ঈশ্বর লেনীনের নামে প্রচার করিতেন, উৎসর্গ করিতেন!

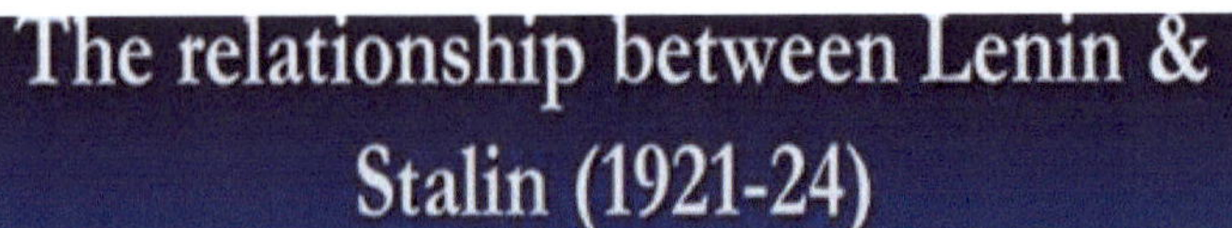

A major stroke in March 1923 left Lenin without the power of speech. Why was this especially damaging for someone like Lenin?

Chapter 4 Section 91

আইনের বিধান কি? জোর ও শক্তি প্রয়োগ ক্ষমতা? না জোর ও শক্তি প্রয়োগহীনতা? বুদ্ধিমত্তা, জ্ঞানের সম্প্রসারনতার বৃদ্ধিলাভ করা সহজ কথা নয় ? অর্থনেতিক বাজারে অর্থনৈতিক সাপোর্ট না থাকিলে বিদ্যান হওয়া যায়না (ব্যতিক্রমতার কথা আলাদা)।

194

বিরাট সুপারী বাগানে একটি আতাফলের বৃক্ষ থাকিলে তাহাকে আতাফলের বাগান বলা হবেনা। আপনি/আমি রাষ্ট্র-বিপ্লবের কথা শুনেছি, বলছি তাহাতো অতি-সহজ কথা নয়? আইন, কাহার প্রতিনিধিত্ব করে?

আপনার, আমার, শ্রমিকদের, কৃষকদের, মেহনতী সাধারণ মানুষদের না রাষ্ট্র ও তাহার পৃষ্ঠপোষকদের? আপনার জ্ঞান ও বিদ্যা কোন পথে? আমার জ্ঞান ও বিদ্যা কোন পথে??

আত্ম সচেতন না হইলে গণতন্ত্রে, স্বেরতন্ত্রে সম্পর্কে কোন জ্ঞান লাভ করা যাইবেনা। তথাকথিত শাসনতন্ত্র ও আইন-কানুনের ভেলকিবাজি সম্পর্কে কিছুই বুজিয়া উঠা কখনো কোন কালেই সম্ভব হইয়া উঠিবেনা?

সাম্রাজ্যবাদের পৃষ্ঠপোষক কাহারা ?

লেনীনবাদী-ষ্ট্যালিনবাদী চরদের মুখে এখন আর সাম্রাজ্যবাদ-আধিপত্যবাদ বিরুদ্ধীতায় চিল্লা-চিল্লি হয়না কেন! সাম্রাজ্যবাদীদের কি মৃত্যু ঘটেছে পৃথীবি থেকে?

জনগণকে রাজনৈতিক প্রতারণা ও প্রতারক প্রতিবিপ্লবী শাসক শ্রেণীর লেজুর দাসদের সম্পর্কে তীক্ষ্ণ অভিজ্ঞতা নিয়ে ওদের নকল চরিত্রের উপর দাতভাংগা জবাব দেওয়ার জন্য অগ্রসর হওয়া উচিৎ।

মূলভিত্তি ও আদর্শকে অপব্যাখ্যা করা হয় মৌলবাদ বলে। অর্থাৎ মৌলবাদ শব্দের অপব্যাখ্যা চলছে বাংলাদেশের বাংগালী সমাজে

পশ্চিমা মিডিয়ার বিভ্রান্তি মূলক অপ-প্রচারে। তবে কি বাংলাদেশে মৌলিকতার বাহিরে অপরাপর সব ব্যক্তিগন, ধ্বজাধারী, অমৌলিক? ইহা কি বলা যাবে, না বলা সঠিক হবে না?

Chapter 4 Section 92

আমরা আছি থাকব তাহার অর্থ কি দাড়ায়? কত যুগ ধরে আপনি থাকছেন বা থাকবেন?গলাবাজি রেখে চেতনাশীল হউন! বিচ্ছিন্নতাবাদ বনাম স্বাধীনতা ওখানেই পূর্ব বাংলা বা বাংলাদেশের রাজনীতির অংকুর!

*বিচ্ছিন্নতাবাদের রাজনৈতিক ব্যাখ্যা কি?

*স্বাধীনতার রাজনৈতিক ব্যাখ্যা কি??

শাসক শ্রেণীর বিরুদ্ধে আপনার ও আপনাদের সংগ্রাম না জনগণের বিরুদ্ধে আপনার ও আপনাদের সংগ্রাম? চেতনাশীল না হইলে রাজনৈতিক বিপ্লব আপনার ও আপনাদের মগজে চিন্তাধারার সুষ্ঠতা বিকাশে পরিধি বৃদ্ধি লাভ করিবে কিভাব?

Chapter 4 Section 93

উদ্দেশ্য বিহীন কোন ধর্ম, মতামত, দর্শন, অর্থনৈতিক ও রাজনৈতিক বাস্তবতার সাথে সম্পর্কিত নয়!

যাহাদের জন্য উচ্চ পদ-পদবী, উপার্জন, ব্যবসা চাই, তাহারা বিভিন্ন সময়ে বিভিন্ন সরকারের সন্তুষ্টি রক্ষা করিতে নিজেদের চরিএ বিক্রি করেন!পা' চুষা কিছু পাবলিক আছেন যে, তাহারা আবার ইহাদের খুশি করিতেই মাঠে লাঠি ও বিভিন্ন অস্ত্রএ নিয়ে নেমে পড়েন!

তাহাদের মুখের গর্জন, স্বাধীনতার স্বপক্ষ শক্তি ও স্বাধীনতার বিপক্ষ শক্তি? স্বাধীনতা ও বিপ্লব ঐ সকল ব্যক্তিদের নিকট আমদানী-রপ্তানী সমতুল্য!

কিন্তু কোন স্বাধীনতা ও বিপ্লব যে আমদানী করা যায়না এবং তাহা রপ্তানী হয়না তাহা তাহারা জানেনা?

অথচ ঐ সকল অপশক্তিই স্বাধীনতা ও বিপ্লব নিয়ে গজর্ন করে থাকে সর্বাধিক।ভারতীয় সম্প্রসারণবাদী শাসকগোষ্ঠির অণুপ্রবেশ ঘটেছে এই পূর্ব বাংলায় তাহা দেখারমত তীক্ষ্ন শক্তি তাহাদের নাই? তাহার কারন ও ব্যাখ্যা আমি বিভিন্ন ভাবে দিয়ে এসেছি।

সংগ্রাম-বিপ্লব থেকেই আমি বেড়ে উঠেছি এবং আমার পিতা-মাতার রেখে যাওয়া তাহাদের সৃষ্টি আমার রক্ত কণাগুলিতে মিশে আছে। এবং তাহাই আমার শক্তি, জ্ঞান, অভিজ্ঞতার প্রধান প্রেরনা।

Chapter 4 Section 95

না দেখা বস্তু নিয়ে ব্যস্ত হতে চাইনা? ব্যস্ত থাকিতে চাই, শান্তি পেতে চাই, জীবন অস্তিত্বের বাস্তবতায় ।যাহা বেঁচে থাকার উপার্যন, পেশা, পরিবার ও রাজনৈতিক অবস্হান ও দর্শন।

Chapter 4 Section 96

আমার দর্শন 'নিরাজ্যবাদ।' আমি আমার রাজনীতির সমর্থক।প্রতিটি জ্ঞানি মানুষের প্রয়োজন তাহার দৃষ্টিভংগী, চিন্তাধারা তুলে ধরা।

অর্থনৈতিক জীবন নির্ভেজাল, বিশুদ্ধ না হইলে, রাজনৈতিক জীবন কোন অবস্হাতেই বিশুদ্ধ-অর্থপূর্ণ বলে পরিগনিত হইতে পারেনা।

Chapter 4 Section 97

পলেটিশিয়ানদের কোন রাজনৈতিক দর্শন,কোন বিশেষ ধর্ম–মতাদর্শ থাকিলে তাহার অবিরাম চর্চা থাকা প্রয়োজন।মজিব মূর্তি উহারই বহিঃপ্রকাশ। প্র: মন্ত্রী হাসিনা জানে যে, ৭০য়ের উপরে তাহার বয়স।

উওরসূরী যাহারাই আছে এই দেশের মানুষ তাহাদের গ্রহন করিবেনা। তাহার কারন, তাহারা যুক্তিগত বাস্তব কারনে এই দেশের সন্তান নয়, নাগরিকও নয়!

তাই, মজিব মূর্তির পিলার কয়টি রোপন করে গেলেন বৈকি সেই বন্ধ্যা নারীর অসহায়ত্বেরমত!

Chapter 4 Section 98

A secret communist group plotted to overthrow the constitution from France in 1769. This conspiracy was led be Francois-Noel Babeuf till 1760 to 1797. They were called Babeuvists.

ঢাকায় নিউক্লিয়ার্স এবং আওয়ামী গুন্ডালীগ কি সেই প্রকার প্রতিষ্ঠান ছিল? তাহা না হইলে ৬ দফা তৈরী হয়েছিল কেন?এবং ছয় দফা, বাস্তবায়নে তাহারা সন্ত্রাসী কর্ম-কান্ডে তৎপর ছিল কেন?

চিত্রে প্রদর্শিত এই কুখ্যাত খুণি ও তাহার সহকর্মীদের নেতা ছিলেন শেখ মজিবুর রহমান! মানবতা অন্ধ হয়ে হারিয়ে যেতে পারেনা ?

kader siddiki

Chapter 4 Section 99

By having thirst for knowledge or for information, you can be prepared to gain more knowledge.

Chapter 4 Section 100

For abolishing the dirty caste system, both, Mughal rulers and the British imperial government are praiseworthy.

Chapter 5

Chapter 5 Section 1

কোন রাষ্ট্রই পুঁজি বা ক্যাপিটেল ব্যতিত সৃষ্টি হইতে পারেনা ? পুঁজি-ক্যাপিটেল রাষ্ট্রযনএের এলিটদের আহার! এই আহারের বিরুদ্ধে দাড়ানো হচ্ছে, ঐ যন্ত্রএটির অবসান! অপর দিকে নিজের পরিশ্রম থেকে নিজেকে বাঁচিয়ে তোলার সংগ্রাম।   ঐ সংগ্রামের নামই হচ্ছে, স্বাধীনতার সংগ্রাম। আসুন, নিজেদের স্বাধীন করি। নিজেদের হারানো আজাদী ফিরিয়ে আনি ।

Chapter 5 Section 2

আমার ইউনির্ভাসিটি'র প্রবেশ নেই, গৃহ-পাঠাগার আমার ইউনির্ভাসিটি। উচ্চ বিদ্যা ব্যতিত পদবী নাই। সেহেতু আমার আজীবন পরিচিতি "শ্রমিক ।"

Chapter 5 Section 3

শ্রমিক শ্রেণীকে ব্যবহার করিতে যাহারা লেনীন, ষ্ট্যালিন, মাওসেতুংয়ের বুলি ও তকমা উড়ায় তাহাদের প্রতিরোধ করা হোক!

Chapter 5 Section 4

আগামী বিপ্লবে একমাএ শ্রমিককে দিতে হইবে শ্রমিকের নেতৃত্ব।শুধু কথার ফানুস উড়িয়ে নয়, স্ক্ষুদা-যন্ত্রণার সাথে লড়ে যেই শ্রমিকগন দীর্ঘ-অভিজ্ঞতা আরোহন করেছেন, একমাএ সেই শ্রমিক শ্রেণি দিতে পারে তাহার নিজ শ্রেণীর কল্যান ও মুক্তির গ্যারান্টি। আপার ক্লাশের ভাড়াটে বাবুরা যুগে-যুগে শ্রমিক-জন সাধারণকে শুধু রাজনীতির নামে বিভ্রান্ত ও ব্যবহার করেই যাচ্ছে !

Chapter 5 Section 5

মার্কস-লেনীন, ষ্ট্যালিনের কিতাব পড়েই আপনি আলালের ঘরের দুলাল হয়ে যাচ্ছেন, আমাদের শ্রমিক- কৃষক শ্রেণীর মহা দরদী? কিন্তু আমরা লক্ষ্য করেছি আপনার শ্রেণী অবস্হান! আপনার অর্থনৈতিক ও নৈতিক পরিচিতি, আপনার প্রতিটি কর্ম-কান্ড?

Chapter 5 Section 6

কু-অভ্যাস মানুষকে বন্য-পশু চরিএ থেকেও হাররমানিয়ে ছাড়ে ! অভ্যাস হচ্ছে, মানুষের ইবাদত-প্রাথর্না, প্রজ্ঞা-বোধশক্তি।

Chapter 5 Section 7

যখন বাকুনিনকে চিনিতে পারিনাই, জানিতে পারিনাই, চিনেছিলাম এবং জেনেছিলাম মার্কসকে—মার্কবাদ অধ্যায়ন থেকে।

ঠিক যখনই মার্কসবাদকে জেনেছি, জেনে গিয়েছি মাকর্স ও বাকুনিনের সংযুক্ত তাত্তিক বৈপ্লবী দৃষ্টি ভংগি ও পরস্পর বিপরিতমুখী তত্ত্বজ্ঞান-শক্তিকে। বাকুনিনের বলিষ্ঠ কন্ঠ, রাষ্ট্র-এলিটতন্এ থেকে শ্রমিক-কৃষক মেহনতী জনতাকে মুক্ত হইতে হইবে।

যেই কালারেই রাষ্ট্র তেরীকরা বা সৃষ্টিকরা হোকনা কেন, তাহার (রাষ্ট্র-এলিটদের) শোষণ, দমন চলবে জনতার উপরে অভ্যহত ভাবে! তাই করনীয় হচ্ছে, রাষ্ট্র-যন্এ থেকে মুক্তি অর্জন করা । উহাই বিপ্লব । উহাই সচেতন হওয়ার মূল অর্থ ও বিপ্লবের নির্ভেজাল লক্ষ্য-উদ্দেশ্য । অন্যথায় বিপ্লব কেন? সমাজতন্এ বা সমাজ কমিউন, কপারেটিভ বা সমবায় মুক্ত ব্যবস্হা রুপনিতে পারে সরকার উচ্ছেদ ও বিলুপ্তির পরিবর্তন।

Chapter 5 Section 8

Restraining aggression never advances your life. You have to learn how to protect and defeat the aggressors!

Chapter 5 Section 9

বর্নবাদ বা রেসিজম, জাতীয়তা বা জাতীয় রাষ্ট্র মুক্তির পথ নয়। পূর্ব বাংলা বা পূর্ব পাকিস্তান পশ্চিম পাকিস্তানকে বিতাড়িত করেছে জাতীয়তার প্রশ্নে! এখন ন্যাশনালিষ্ট বাংলাদেশের অভ্যন্তরে কতটুকু শান্তি প্রভাহিত হচ্ছে, বাংলাদেশী মাত্রেই তাহা জানেন ?

Chapter 5 Section 10

নির্যাতন, শোষণ, দমনকারীদের ধর্ম চরিএ এক, সেখানে ঈহুদী, মোছলমান, বৌদ্ধ, হিন্দু, অগ্নিপুজক- জরোস্টাইন বা ধর্ম না পালনকারীতে কোন পার্থক্য নাই।

Chapter 5 Section 11

বিশ্বের সকল রাষ্ট্রের মৌলিক চরিএ এক। কেহ অতিরিক্ত স্বেরতন্ত্রী, কেহ মধ্য পন্হী স্বেরতন্ত্রী, কেহ স্বল্প স্বেরতন্ত্রী কিন্তু হাস্যকর হচ্ছে যে, তাহারা প্রায় সকলেই গণতনএর সংবিধান মেনে চলার প্রতুশ্রুতি বর্হিভুত নয় !

Chapter 5 Section 12

ধর্মীয় শ্রেষ্ঠত্ব প্রমানের জন্য যে যুদ্ধ চালিয়ে দেওয়া হচ্ছে, উহা অযুক্তিক, উহার কোন বাস্তবতা নাই। আমরা জানি যে, প্রাচিন কেনানে বিভিন্ন, ভাষা-ভাষী এবং ধর্ম বিশ্বাসীদের বসতি ছিল। মধ্যপ্রাচ্যর ভাগ্য সন্ধানী ও প্রাচিন বিভিন্ন সাম্রাজ্যের যোদ্ধাগণের অনেকে এই কেনানে(CANAAN)) বসতি স্হাপন করে মিশে যান বিভিন্ন কেনানী-জনগণের মধ্যে।

ঐ কেনানে, মধ্যপ্রাচ্যের উর (UR) যাহা বর্তমানে ইরাক থেকে আল্লাহর প্রেরিত নবী ইব্রাহিম তাহার পরিবার -

পরিজনদের নিয়ে আরো উন্নত জীবন গড়ার তাগিদে, সুখ-সাফল্যতার সন্ধানে চলে যান কেনানে। পথি মধ্যে তিনি ও তাহার রিফিউজির দল 'Aliyah.' Aliyah means in Jews Hebrew Language: Forward to read the Torah in the synagogue, and Aliyah can also refer to a Jewish person's move to the land of Israel.

বন্দী হয়েছিলেন, এজিপটে । যেখানে ইব্রাহিম বলেছিলেন তাহার স্ত্রী ছারাকে যে, তুমি বলবে আমি তোমার ভাই, অন্যথায় তাহারা আমাকে মেরে তোমাকে নিয়ে যাবে ! রুপসী ছারাকে রাজ পরিবারে ফেরাউর (সম্রাট)এর নিকট পৌছানো হলো .... এখানে বিভিন্ন গল্প কথাগুলি আমরা জানি।

অবশেষে রাজবাড়ী থেকে তাহাদের অনেক উপহার প্রধান করা হলো, এজিপশিয়ান তরুনী হাজেরাকে তাহাদের সেবায় উপহার দেওয়া হয়েছিল সাথে। প্রথমত ইব্রাহিম বা আব্রাহাম ছিলেন নিরবংশ । অতপর প্রথা অনুযায়ী হাজেরার গর্ভে ইব্রাহিমের প্রথম সন্তান জন্ম লাভ করেন।

ইতি মধ্য ৭ বৎসর পর বন্ধ্যা, ছারার গর্বে জন্মনেয় ইছাক। ইব্রাহিমের গৃহে কোন্দল বৃদ্ধি হইতে থাকে ঐ সতিনদের মধ্যে "দুই সন্তানকে কেন্দ্র করে।" ছারার নিদের্শে ইব্রাহিম বাধ্য হয়েছিলেন, হাজেরা ও শিশু সন্তান ইসমাইলকে গৃহ থেকে তাড়িয়ে দিতে। ....

নবী মুছার কাহিনী ও আমরা জানি যে, জীবনের দীর্ঘ ৪০ টি বৎসর তিনি কাটিয়েছিলেন ফারাউ-রাজ পরিবারে। ফারাউ-সম্রাজ্ঞীর এই দওক পুএ, মোসাস বা মুছা অনেক জ্ঞান শিক্ষা পেয়ে গড়ে-বেড়ে উঠেছিলেন রাজ-পরিবারে। একসময় তিনি নিজ টেম্পার দমন করিতে না পারায় একজন এজিপশিয়ান রাজ-রক্ষীকে কর্মরত অবস্হায় হত্যা করেছিলেন। অতপর জীবন-নিরাপওার জন্য বিচার এড়িয়ে পালিয়ে গিয়েছিলেন দূর প্রতিবেশী দেশে।

তথায় বিবাহ করেছিলেন মেডিয়েন রাজ্যে, কুশিটি (Cushite's) মেয়ে, জিপরাকে। যাহা নুবিয়া গোএিক নামে পরিচিত। উহার অবস্হিতি ছিল দক্ষিন সুদান এবং উওর এজিপ্ট। ঐ নুবিয়া বা মেডিয়েনে ছিলেন, তৎকালিন এক প্রিষ্ট, তাহার নাম ছিল পেট্রো। পেট্রোর ছিল ৭টি মেয়ে। বড় মেয়েটিকে নবী মুছা, তথায় বিবাহ করিয়াছিলেন। মুছার ২টি ছেলে সন্তান জন্ম লাভ করে। কয়েক বৎসর পর স্ব-পরিবারে তিনি পুণরায় এজিপটে প্রবেশ করেন। ......

Nationalism, separatism as well as terrorism and national-religious revelations are the first prophesy by "the Jews, One God and the promised Land."

কথিত PROMISSED LAND এর বিবেলিক (বাইবেল প্রদও) গল্প আমরা জানি...... যাহার পুনর জন্ম দেওয়া হয়েছিল ১৪ ই মে, ১৯৪৮ সালে, ইসরায়েল যিউজ বা ঈহুদী ডেমক্রেটিক রিপাবলিকে।

উল্লেখ যে, কেনানে বিভিন্ন এলাকা, অঞ্চল,   এথনিক-জনবসতি, বিভিন্ন নামে পরিচিত ছিলেন। বাইবেল আমরা দেখিতে পাই যে, গ্রেসানবাসিদের মধ্য ইহূদী ইমিগ্রেন্ট বা আলীয়াদের মধ্যে সর্বদাই সংঘর্ষ বিরাজ ছিল।

একাত্মবাদী ধর্ম অবিশ্বাসী প্যালেষ্টাইনী গ্রেসানরা কালক্রমে ধর্মান্তরিত হইতে থাকেন। কিছু চলে যান জিউজদের সাথে বাকি বড় অংশ খৃষ্টিয়ান,অতপর খৃষ্টান থেকে ইসলামে আরব মোছলমানদের অণুপ্রবেশ ও বিশ্বাসের মধ্যে সংখ্যাগরিষ্ট মোছলমানে পরিনত হয়ে উঠেন এবং উহাই বর্তমান কালে সেই প্যালেষ্টাইন । যাহা বাইবেলের পুরাতন ও নূতন নিয়মেও উল্লেখ করা আছে ।

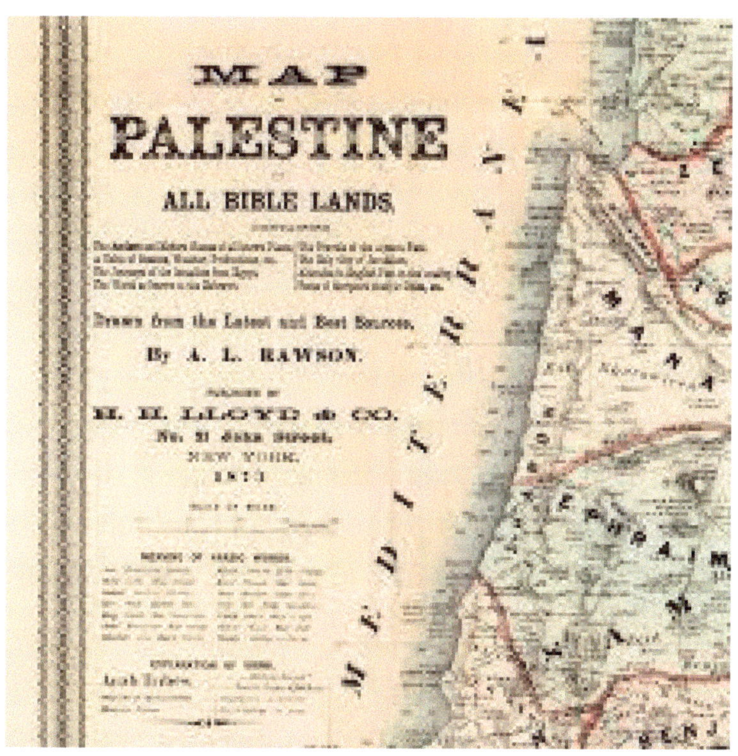

Chapter 5 Section 13

Humanity first. Support and defence the oppressed people everywhere on our earth.

Chapter 5 Section 14

যুদ্ধ ধর্মের নয় ! লেবাসটি ধর্মের । ধর্ম যুদ্ধ করেনা। আল্লাহ কি রক্ত পানকারি ? অবিচারী, অত্যাচারি, নির্যাতক, শোষক ??? নিশ্চয় তাহা নয় ।

Chapter 5 Section 15

বৈষম্যকারীদের অসাম্যে কোন ধর্ম নাই । তথায় থাকে শুধু ধর্মের লেবাস ! যুদ্ধ, দাঙ্গা-হাংগামা ! মানবতা ভূলুন্ঠিত, অভিশপ্ত । STOP WAR ! UNO IS A FAILURE!! THE MOSLEM'S WORLD FAILS TO KEEP THEIR UNITY!!!

Chapter 5 Section 16

অবাস্তবতা দ্বারা বিবেককে মুক্ত করা যায়না। বিবেক মুক্ত না হইলে, মানুষরা সচেতন হয়ে তাহাদের লক্ষ্যে অবস্হান নিতে পারেনা।

Chapter 5 Section 17

মানুষকে মানুষের চাহিদা অনুযায়ী সমস্যা নিবারনে নিয়োজিত থাকিতে হয়। অলৌকিকতায় বিশ্বাসীরা হাতগুটিয়ে মিলিয়নার-বিলিয়নারস হয়ে যান না? মিথ্যা বলা সহজ কিন্তু বাস্তবতা কঠিন !

Chapter 5 Section 18

সবচেয়ে বড় মসজিদ হলো, ঈমান বা দৃঢ়তা। ঈমান বা কর্মসূচিতে দৃঢ়তা না থাকিলে মসজিদে যাওয়া বা না যাওয়া সমান।

Chapter 5 Section 19

Bakunin left a book for us to easily understand what the meaning of State and authoritarianism really is.

Chapter 5 Section 20

পেটে অনাহারের জ্বালা নিয়ে চরম ধংস থেকে বাঁচার সচেতন অমর অভিজ্ঞতা না থাকলে, বিপ্লব সংশোধনবাদীদের হাতে বিপর্যস্ত হওয়া   মোটেও আশ্চর্যজনক নয় ?

Chapter 5 Section 21

আপনাকে মৌলিক লক্ষ্যে অগ্রসর হতে হলে, আপনার মূল্যবান সময়কে একাগ্রতার সাথে আপনার প্রধান কর্মপথে ব্যস্ত রাখিতে হইবে ।

Chapter 5 Section 22

চিরাচরিত জুয়াচুরি প্রথাকে বিলুপ্ত করিতে যেই অস্ত্রের প্রয়োজন তাহা হচ্ছে, নিজ-নিজ মেধা-মগজ তথা রাজনৈতিক

বৈপ্লবিক সচেতনা এবং সেই সকল অভিজ্ঞতার পদক্ষেপ, বিপ্লবকে অপরাজিত বলিষ্ঠ কর্ম-শক্তিতে পরিনত করে তোলা।

Chapter 5 Section 23

দুর্নীতি ও অর্থনেতিক বৈষম্যের কেন্দ্র জানতে-চিনতে আপনাকে আপনার দৈনন্দিন রাজনীতি কি শিক্ষা দিচ্ছে?

Chapter 5 Section 24

কথা বলে দুর্নীতি ও অর্থনেতিক বৈষম্যের কেন্দ্রকে মোকাবেলা করা যায়না এবং যাবেনা, সেই কথা যদি কর্ণগোচর হয়ে মস্তিকে না পৌছে ?

Chapter 5 Section 25

When you fight disasters, economic injustice, all kinds of inhumanity and its establishment you fight in a good war! Such methods are laws of nature. We also call it conscious.

218

Chapter 5 Section 26

Chapter 5 Section 28

অতিসহজ কথায় বলছি, হকের কথা বললে, কাফের, নাস্তিক বলে আখ্যায়িত করা হয় কেন?

Chapter 5 Section 29

সচেতন হওয়ার দায়িত্ব নিজের, পাবলিকের নয় ! পাবলিকের থাকবে (আছে) জীবনের বৈচিএতা, উহা স্বাভাবিক। নিজের অক্ষমতা, অদক্ষতা অন্যের কাদে চাপিয়ে দিয়ে কি হবে? নিজ-নিজ যোগ্যতা নিয়েই মানুষ কে তাহার জ্ঞান অনুযায়ী ধাপে-ধাপে অগ্রসর হইতে হবে – ইহা বৈপ্লবিক রাজনীতির প্রধান লক্ষ্যে ।

Chapter 5 Section 30

ধর্মের বাড়াবাড়ি এবং রাষ্ট্রযন্এের সকল আধিপত্য থেকে মুক্তি ব্যতিত, তথাকথিত স্বাধীনতা, স্বাধীনতা নয় বরং স্বাধীনতার প্রকৃত অপ-ব্যবহার ।

Chapter 5 Section 31

জোরদার-জমিদারদের আধিপত্য ও ইতিহাসের বিভিন্ন দিক, ভারতীয় ইতিহাস থেকে আমরা কতটুকু জানিতে পারিয়াছি ? ভারতীয় শোষকদের বহু রূপ ও অবস্হান গভেষণার মাধ্যমে বিশ্লেষণ করে জানিতে হবে আপনাকে। অনেক প্রজা-শোষক ইতিহাসে বহুল জঘন্য, কদর্য, গৃণ্য বা/ এবং দ্বৈত এবং বহমুখী চরিএের অধিকারী ।

Chapter 5 Section 32

রাষ্ট্রের গতানুগতিক শিকলে বাঁধা জনগণ ।বাঁধার শৃংখল ভাংগা ব্যতিত নাগরিক থাকিবে বন্দী নিজগৃহে ! রাষ্ট্রের দাসত্ব না মুক্তি ও স্বাধীনতার স্বপক্ষে আপনার শিক্ষা ও রাজনৈতিক চেতনা শক্তি ?

Chapter 5 Section 33

আপনি গভেষণায় আসুন, তথ্য জানুন। ধর্ম ও রাজনীতিকে জানুন।তাহাদের পৃথকতা কোথায়, কি, কেন, তাহা জানুন। সাথে-সাথে আপনার নিজ অবস্হান কোথায় দন্ডমান তাহা পরিস্ক্ষা করে দেখুন !

Chapter 5 Section 34

মানুষ শত-হাজার ভাল কাজ করিলেও বিপদে পড়িতে পারে । হঠাৎ বিপদের মুখে পড়া, বিপদ ঘটে যাওয়া,   এই প্রসংগে পূর্ববর্তী ভাল কর্মের কোন সম্পর্ক নাই ।

Chapter 5 Section 35

প্রতিটি মটিভ (MOTIVE) আলাদা সুতরাং ব্যক্তির ব্যক্তি চরিত্রের আত্ম-প্রকাশ তাহার ধ্যান-ধারনা, শিক্ষা ও অভ্যস্হ স্বভাব চরিত্র বর্হিভূত নয়?

Chapter 5 Section 36

সমালোচনা পাওয়ার যে তাহাকে সমালো না করা, একটি অধপতিত নৈতিক অযোগ্যতার বহিঃপ্রকাশ ।

Chapter 5 Section 37

নেতা, নেত্রী নামক কুঙা-ছাগলের দুর্নীতির পয়সায় যাহারা চলে, তাহাদের প্রভু-দেবীদের কুর্নিশ করা ব্যতিত মানুষ হিসাবে জীবনের ব্রত তাহারা খুঁজে পায়না! দুঃখিত এই জাতীয় বিকৃত হওয়া চরিত্রের মানুষগুলির মৃত-বিবেকের প্রতি ।

Chapter 5 Section 38

দুনিয়ার সবচেয়ে বড় গুণা,   রাষ্ট্র-দুর্নীতিকে মেনে নেওয়া এবং অর্থনৈতিক বৈষম্যের বিরুদ্ধে টু শব্দটিও না করা ?

Chapter 5 Section 39

অন্যের উপর জুলুম চাপিয়ে দিয়ে পরের শ্রম আত্মসাৎ করিয়া নিজেকে মহা পন্ডিত সাজিয়ে তোলা দুস্কর নয় ! খোদ শ্রমিক ও কৃষক-কৃষাণির জন্য তাহা সম্ভবে রুপ নিতে পারেনা। রাজনীতি যদি আমার উপলদ্ধিকে ব্যক্তি বিশেষের উপর দুর্বলতায় অন্ধকার করে রাখে তবে, বৈপ্লবিক রাজনীতি হয়ে পড়িবে সেখানে বিভ্রান্তিতে অবসান । ব্যক্তি পূজায় রুপ নিতে পারেনা বিপ্লব !

Chapter 5 Section 40

Are there enemies left without artificial crisis makers? Those are some Industrial owners, the bankers, the big bosses and their privileged law and so-called orders.

Chapter 5 Section 41

মনোথেয়িষ্টদের সবচেয়ে বড় গুণা বা পাপ,   রাষ্ট্র-যন্ত্রকে মেনে নেওয়া? ফারাওগন কি অন্যায় করেছিল! সম্রাট-সম্রাজ্ঞির বিরুদ্ধে কোন এজিপ্টশিয়ান কি অভিযোগ করেছিলেন? মূছা বা মোসাস ছিলেন সেই নিমক হারাম ব্যক্তি, তিনি কথিত প্রমিজ ল্যান্ডের রচনা সাঁজিয়ে তাহাকে

224

রক্তাক্ত করিয়া গড়িয়া তুলিতে ঈহুদী দিগকে উদ্বুদ্ধ করে ছিলেন।রেসিয়্যাল জাতীয়তাবাদের নামে উহাই ছিল ঐতিহাসিক যিউনিজমের প্রারম্ভ । তাহা নাকি যীহবার ওয়াদা ছিল ?

Chapter 5 Section 42

হারামের পথে উর্পাজন সম্পর্কে সকল মোছলমান অবগত । কিন্তু হারামের পথ ছাড়া উন্নতি কোথায়?   বাংলাদেশ রাষ্ট্র কোন হারামী পথের সাথে সংযুক্ত নয় ! আজকের উন্নতির খেলায় যাহারা আত্মহারা, হারাম সর্ম্পকে তাহারা কতটুকু অবগত ?? সন্তানকে গড়ার দায়িত্ব কি মোছলমানদের না হারামী পথে কথিত বৈধ-উপার্যনের? বিশ্ব-ব্যাপী এত প্রতিযোগীতা কেন? হারাম খেয়ে, পড়ে, হারামের হারাম সম্পদ দিয়ে বিশ্ব আজ এত উজ্জলিত!

Chapter 5 Section 43

রাষ্ট্র ও তাহার নিউক্লিয়ার শক্তিকে না বলুন ।রাষ্ট্র-সন্ত্রাস বিলুপ্ত করার মধ্যে মানবতা মুক্ত হবে প্রকৃতির কৃত্রিম পথকে পরিত্যাগ করে।

Chapter 5 Section 44

আমি রাষ্ট্রতন্ত্রএ বা স্টেটইজমকে ব্যক্তিগত জীবন থেকে সম্পুর্ণ পরিত্যাগ করেছি এনার্কিজম বা নিরাজ্যের গভীরতা সম্পর্শ করার ও অধ্যয়নের মাধ্যমে। অর্থনৈতিক ও রাজনৈতিক সকল দুর্নীতির অবস্হান রাষ্ট্রের ব্যানারেই জন্মিত ও আশ্রিত বা অনুগত !

Chapter 5 Section 45

যেই দেশে আয়বৃদ্ধি পেয়ে তুংগে উর্ঠে যাচ্ছে , সেই দেশে এমন করুন অমানবিক অবস্হা ! কোনটি সত্য আর কোনটি মিথ্যা ?

স্বয়ং শোষক যখন শোষিতের কথা বলে, আমি তখন মুচকি হাঁসি। শোষক স্বয়ং আত্মহত্যার ঘোষনা দিচ্ছে !

সে তাহার কবর খনকদের এগিয়ে নিচ্ছে । ইতিহাস বলছে যে, শেষ লড়াইটি ছাড়া সে তাহার পথ আঁকড়িয়েই থাকিবে।

Chapter 5 Section 47

দার্শনিক নৈরাজ্যবাদ-রাষ্ট্রযন্ত্রকে পরিপোষন করার যন্ত্র নয়, চাদাঁবাজি করার দল নয়, তথাকথিত ভোট প্রার্থী নয়, ইহা

হচ্ছে, জ্ঞান ও বিবেকের দীক্ষা, আলোর প্রদীপ নিজহাতে বহন করা । স্বাতন্ত্র্যবোধ ও স্বাধীনতাকে উজ্জীবিত রাখা ।

Chapter 5 Section 48

আমার একটি মিশন আছে । আমি মিশনে বিশ্বাসী। মিশনটি হচ্ছে, রাষ্ট্রহীন মুক্ত-স্বাধীন সমাজ ।   নৈরাজ্যবাদের মৌলিকতা । এস, বিপ্লব ও মুক্তির পথে কমরেড।

বাংলাদেশে যাহারা জেলে যাওয়ার পথ তৈরী করে এবং নিজেদেরকে অসংগঠিত হওয়ার জন্য শাসিকাকে সাহায্য করে, তাহারা আসলে এক-এক করে শাসিকার অত্যাচারের পথকেই সুগম করে তুলছেন।

ইয়ার্কি জনক টিকা-টিপ্পনি দ্বারা গণতন্এের আলখোল্লা পরিহিত স্বেরতন্একে বিদায় করা যায়না?

স্বেরতন্এ ধংস হওয়ার একমাএ পথ হচ্ছে, জনগণের শসস্এ বিদ্রোহ,-বিপ্লব । যাহারা বিশ্ব-রাজৈনতিক ইতিহাস সম্পর্কে অবগত আছেন, তাহারা তাহা অবশ্যই জানেন। দাড়ি রেখে বুড়া হয়ে যাওয়ার অল্প-জ্ঞানীদের দ্বারা ঈমান বা দৃঢ়তা পাকা-পোক্ত করা যায়না। তাহাদেরকে পীছনে রাখুন !

আমি জুতা মিছিল নামক কল্পনার সম্পূর্ন বিরুধী। এমন কি কোরান মিছিলেরও কোন অর্থ নাই বাংলাদেশী ধর্মনিরপেক্ষ শাসিকার নিকট। হামলাকে হামলা দিয়েই চুড়ান্ত বিপ্লবে রুপ দিতে হবে।

Chapter 5 Section 50

কোন ব্যক্তির মানষিকতা গড়ে উঠে, সমাজ-অবলম্বিয় কৃষ্টি-সংস্কৃতি থেকে। কৃষ্টি-সংস্কৃতি প্রভাবিত করে ব্যক্তির অতি-সাধারন রাজনৈতিক চিন্তাধারা । অসাধারনতা, একটি

উচ্চস্তরের উচ্চ-গভেষণা স্তর এবং তাহা অবশ্যই সাধারণ চিন্তাধারার বিকশিত রুপ।

Chapter 5 Section 51

ANARCHISM: The purpose of it is to be without authority or rulers. That means it stands against the power of domination by hierarchy.

Chapter 5 Section 52

রাষ্ট্রের তকমাদারী যাহারা বাজেট তেরীকরে তাহারাই । এরা ক্ষমতার বাহিরে থাকিলে বাজেটের বিরুধীতা করে। ক্ষমতায় থাকিলে বাজেট তেরীকরে সাধারন জনগণের মাথায় চড়িয়েদেয়! ফ্যাসিজম, রেসিজম, ন্যাশনালইজম,কমুন্যালইজম ইত্যাদি খেলা নিয়েই তেরী রাষ্ট্রবাদীদের কুখ্যাত রাজনীতি ।

Chapter 5 Section 53

সাম্য ব্যতিত মৈত্রীর বন্ধন অটুট থাকিতে পারেনা। অর্থনৈতিক অসাাম্যতা ভাংগতে হইলে চলমান রাষ্ট্রব্যবস্হা উচ্ছেদ করিতে হইবে। রাষ্ট্রই অর্থনৈতিক অসাম্যের সকল স্বীকৃতি ।

ইব্রাহিম বা আব্রাহাম কেনানবাসি ছিলেন না । তিনি উর (UR) বর্তমানে যাহা ইরাক সেখানে জন্ম নিয়েছিলেন।কেনানে তিনি গিয়েছিলেন নূতন সম্পত্তিও বৃদ্ধির ব্যবসায়িক-অর্থনৈতিক সমৃদ্ধির কারনে ।

যেমন বাংলাদেশ থেকে বহু বাংগালী দেশ, সম্পত্তিও , রাষ্ট্র, মনের প্রতির্ষ্ঠিত স্বার্বভৌমিক স্বাধীনতা থাকা সত্ত্বেও বৈদেশিক স্বাধীনতাকে ভোগ করিতেছেন ! পুঁজিতন্ত্রএ, আধিপত্যবাদ ও তথাকথিত স্বাধীনতার প্রশস্তি। ইব্রাহিম ঐ স্বাধীনতাই ভোগ করেছিলেন কেনানে, কেনানবাসি জনগণের কাছ থেকে।

কিন্তু হিব্রু বাইবেল বলছে Elohim-Yahweh নির্দেশে। তিনি একা যাত্রা করেন নাই। তিনি তাহার পরিবারের দল ও পশু-পাখী, পথিমধ্যে আক্রমন প্রতিরোধ করার যন্ত্রএপাতি সাথে নিয়ে রওনা দিয়েছিলেন ।

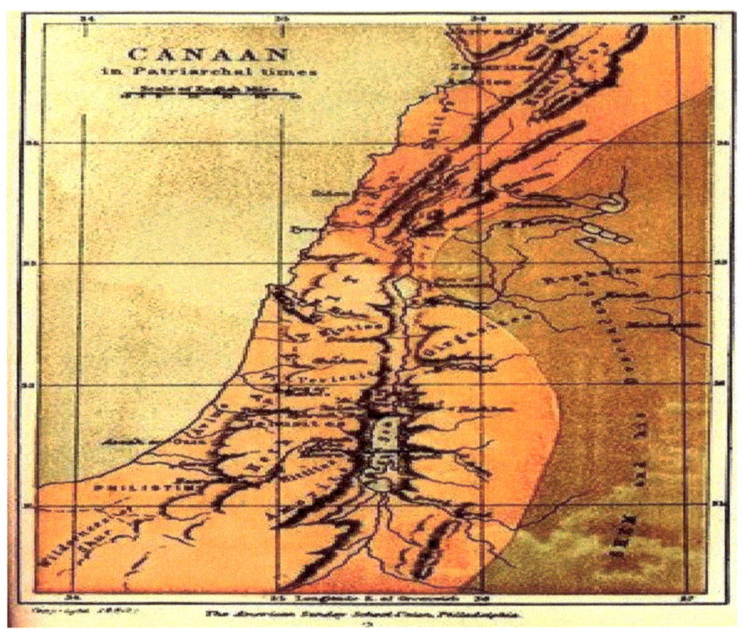

Chapter 5 Section 55

অর্থনৈতিক অবস্হান, ধর্ম, রাষ্ট্র ও বিভিন্ন মতবাদের পরিচিতিকে সুস্পষ্ট করিয়া তুলে। অর্থনীতি হচ্ছে, জ্ঞান-বিকাশের চালিকা শক্তি । শাসক-শাসিকা ও রাষ্ট্র-শোষণকে দেখার ও শিখার বোধ শক্তি ।

রাষ্ট্র, শোষক শ্রেণীর ধংসাত্মক বিজ্ঞান, এবং ম্যালেটারীজম মানব সভ্যতার অপমৃত্যুর কারন । সুতরাং রাষ্ট্রকে প্রতিরোধ করা ব্যতিত সমস্যার সমাধান একটি অসমাপ্ত কল্পনা ! রাষ্ট্র তথা পুঁজিবাদের নিকট বিক্রয় হয়ে যাচ্ছে মানবতা? অর্থের নিকট এথিক ও মরাল চরিএ সস্তায় বিক্রি হয়ে যাচ্ছে। আপনাকে দিয়ে নিজ পরিবার ধংস করিয়ে বিশাল রাষ্ট্রতন্এের শিকলে আপনাকে আবদ্ধ করা হচ্ছে কিনা তাহা বুজার, দেখার , অণুভব করার মেধা শক্তি আপনার মেধায় শূন্যতায় বিরাজ করিতেছে কেন?

নিজেকে জানুন, নিজ ইতিহাসকে জানুন, তাহাতে জানার জ্ঞান শক্তি বৃদ্ধি পাবে। অজ্ঞানতা পলেটিক্স নয় এবং ধর্ম বা দর্শনও নয়।

Chapter 5 Section 57

দায়িত্ব ও কর্তব্য বেচে নেওয়া আপনার ধর্ম, কতর্ব্য, শিক্ষা, চরিএ, মতাদর্শ ও শ্রেণী চরিএের পরিচিতি । আপনার রাজনীতি কোন পথে ?

THE PAINFUL TRUTH

The **ORDER-FOLLOWER** *always* bears **MORE** Moral **Culpability** than the order-giver, because the **Order-Follower** is the one who actually **preformed the action**, and in taking such action, actually *brought the resultant harm into physical manifestation.* **ORDER-FOLLOWING** is the pathway to every form of **Evil** and **Chaos** in our world. It should **NEVER** be seen as a "virtue" by anyone who considers themselves a moral human being. Order-Followers have ultimately been personally responsible and morally culpable for every form of Slavery and every single Totalitarian regime that has ever existed upon the face of the Earth.

Chapter 5 Section 58

নিজেকে ও নিজের অবস্হান জানা, নিজেকে পরিস্কা করা সকল শিক্ষার বড় শিক্ষা, বড় আদর্শ । অতপর যে, আমার রাজনীতির সবচেয়ে নিকৃষ্ট শক্র তখন তাহার উলংগ চরিএ নিয়ে আমি ঝড় তুলিব । উহার বাহিরে সমাজ বিপ্লব, সংশোধন বাদীদের, রাষ্টের দালালদের বুলি ব্যতিত আর কিছুই নয় ?

Chapter 5 Section 59

There are two types of anarchism:

<u>Political Anarchism:</u> the traditional view of having a moral obligation to fight against and try to eliminate the state.

<u>Philosophical Anarchism:</u> the view that states are not morally entitled to rule. They have no authority over another human being. Not to say that they are to be eliminated or that we are never required to act as they say.

Chapter 5 Section 60

নিজ ইচ্ছামত কোরান, হাদিসকে ব্যাখ্যা করা যায়না ? পরিস্হিতি ও ঘটনাবলীর উদধৃতি হচ্ছে, কোরান । কোরান নিয়ে মিছিলও আমরা দেখেছি ! পুলিশ-কুকুরের আঘাতে কোরান ছিঁড়ে-ছিটিয়ে পড়িতেও আমরা দেখেছি ।

কাহাদের বা কার অপরিপক্ক আদেশে কোরানের অপমান হয়েছিল? জুতা মিছিল দেখেছি!দেখেছি মিছিলরেখে নেতৃত্বস্হানীয় মোল্লালর যৌণ উৎসবের কেলেংকারী ！

কোন আন্দোলনটি সফল হয়েছে কোরানের দাবি নিয়ে ? কোরান অমান্য করেই সন্এাসী কর্ম-কান্ড দ্বারা ভারতের সেবায় পাকিস্তানের স্বাবভৌমতা দ্বিখন্ডিত করে বাংলাদেশ পৃথক হয়েছে? ঈমান লাসা দিয়ে জোড়া দেওয়া যায় কি? আপনার নিজ ইতিহাসকে আপনি জানুন। ইতিহাস ব্যতিত আপনাকে ভুল শিক্ষা দিচ্ছে, সেই শিক্ষা আপনি রপ্ত করিতেছেন ! মুক্ত হওয়ার চেষ্টা করুন ! স্বাধীন হউন , স্বাধীনতাই জীবনের কাম্য ।

Chapter 5 Section 61

মোছলেমকে সাহায্য কর, হিন্দুকে সাহায্যকর, ঈহদীকে সাহায্য কর,খৃষ্টানকে সাহায্য কর, বৌদ্ধকে সাহায্য কর বা কমহীনকে সাহায্য কর, রাজৈনতিক -বৈপ্লবিক ব্যাপারতো তাহা নয় ? সাহায্যের নামে গোলাম-দাস, দাসী সৃষ্টি করা, নির্ভরশীল

করে, পদলেহী করে তোলা বিপ্লের ধর্ম নয়? পালিত দাস-
দাসীর অবস্হান থেকে, শ্রম দাসত্ব থেকে তুমি মুক্ত হওয়ার
লড়াইয়ে নিজস্য অবস্হানকে সৃষ্টি কর ।রাষ্ট্র নামক শেষ
দাসত্ব থেকে মুক্ত হওয়ার জন্য নিজেকেsssssss দেখ, নিজেকে
চিন যে, তুমি কে?

বিপ্লবের বিষয়-ব্যাপার হচ্ছে, ন্যায় কর্মের সাথে সংযুক্ত থাক,
ন্যায়কে সমর্থন কর, অন্যায় কর্মকে বর্জন কর।
আমলাতান্ত্রিক প্রভুত্ববাদী রাষ্ট্রকে প্রত্যাক্খান কর, সাম্য-
শান্তির পথে নিজ অবস্হানকে দৃঢ়তার সাথে রক্খা কর!

Chapter 5 Section 62

তাহাজ্জুদ পড়ে, আর হজজ করে, আলহাজ হয়েই হাছিনা
বাংলাদেশের মোছলমানদের মাথায় বসতি স্হাপন করিতে
সমর্থ হয়েছেন। স্বৈরতন্ত্রকে টিকিয়ে রাখিতে পারিতেছেন।

একেই বলা হয় বোকার স্বর্গ আর কৌশলে বরকত পাওয়া?
রিজিকের মালিককে, সাচ্চা শয়তান!

Chapter 5 Section 63

বৃহওর আন্দোলন গড়ে তুলিতে হইলে ব্যাপক-বৃহওর জ্ঞানের
বিকাশ থাকিতে হইবে ।রাজনীতি দ্বারা অর্থনৈতিক শোষকদের

চিনিতে হইবে । যেখানে সম্ভব তাহাদের পরাজয় ডেকে আনিতে হইবে।

Chapter 5 Section 64

জল-বায়ু, পরিবেশ মুক্ত রাখুন, সবুজ কৃষি বিপ্লবে জীবনকে সুখি করে তুলুন !

Chapter 5 Section 65

আমার ব্যক্তিগত জীবনের থিউরী কাজে লেগেছে তটি ছেলেমেয়েকে ক্ষুদা-দারিদ্রতা থেকে মুক্ত রাখার গ্যারান্টি দিতে

পেরেছি। তাহারা ডিক্টেটর অভার দ্যা প্রলেটারিয়েত নামক বর্বরতম আর্বজনাময় রাষ্ট্র-রাজ্যে বাস করেনা? ক্ষুদা-দারিদ্রতা কাহাকে বলে তাহা আমি হাড়ে-হাড়ে জেনেছি কুখ্যাত বর্বর শেখ মজিবের মিনি রাজ্যে ! বিপ্লবী, সংস্কার পন্হী নয়, বিপ্লবী আমুল পরির্বতনে বিশ্বাসী।সংস্কারবাদী ও বিপ্লবী রাজনৈতিতে পার্থক্য তাহাই। ব্যক্তি, আধিপত্য ও সকল পদলেহীতা থেকে মুক্তি অর্জন না করিতে পারিলে, তথাকথিত "স্বাধীনতা" শাসক-শাসিকাদের নিজ মেরুদন্ডকেই নিপীড়ণ ও শোষণ-নির্যাতন করার জন্য শক্ত-সবল করে তোলা হয় । রাষ্ট্র নামক আমলাতন্এ বা আধিপত্যবাদকে বজর্ন করুন! প্রজ্ঞা-ও ধীশক্তিকে সচেতন হাতিয়ারে পরিনত করুন !! রাষ্ট্রবাদ স্বাধীনতা নয়, রাষ্ট্রবাদ অধীনতা । আধিপত্যবাদী শক্তিকে না বলুন, উচ্ছেদ করুন !

Chapter 5 Section 66

থিউরি বা তত্ব বুজুন। যেই থিউরীর সাথে কর্মের বাস্তবতা সংযুক্ত রয়েছে তাহা না বুজিয়া উঠিতে পারিলে মুক্তির সংগ্রাম ব্যর্থ। ব্যর্থতা কাহারও জীবনের কাম্য নয় ।

Chapter 5 Section 67

ধর্ম বিদ্বেষ ও ধর্ম প্রেম । এই শব্দ দুইটিতেই ধর্ম বিদ্বেষণার পংক্তি লিপিবদ্ধ। তাই, প্রশ্ন থাকে যে, এখানেই অধর্মের জীবাণু আবৃত্য না ধর্মনিরপেক্ষতাই ধর্মের জীবাণু!

Chapter 5 Section 68

বোতা বিশ্বাসে বা অন্দ বিশ্বাসে ধর্ম প্রান হওয়া এবং ধর্ম সর্পকে জ্ঞানী হয়ে উঠা এবং সমালোচক হওয়া এক কথা নয় । সমালোচনায় বোতা বিশ্বাস বা অন্ধ বিশ্বাসের স্হান নাই।

ইহা আপনাকে বেহেস্তের গ্যারান্টি দিতে পারেনা। আপনি দুনিয়ায় এসেছেন কেন? বেহেস্তেইতো থেকে যেতে পারিতেন! যাহারা দুনিয়ায় এসেছে সামর্থ অনুযায়ী দুনিয়ার শয়তানের খাঁচা থেকে মুক্ত না হইতে পারিলে কোন মংগলের আশাই আপনি ও আমি করিতে পারিবনা? আসুন, রাষ্ট্র শয়তানদেরর বিরুদ্ধে শয়তানী রাষ্ট্র-রাজ্য উৎখাত করিতে প্রস্তুত হয়ে উঠি ! এই লড়াই তো শেষ নয় ...?

Chapter 5 Section 69

রাজনৈতিক আন্দোলনে প্রধান লক্ষ্য প্রতিষ্ঠার পথে ঐক্য থাকিতে হইবে। প্রধান শত্রুকে অপসারন করিতে রাজনৈতিক

কৌশলকে বিভিন্ন পরিস্থিতির মুখে কাজে লাগাইতে হইবে। আন্দোলন বিরুদ্ধী আপোষ ভুমিকাকে প্রত্যাহার করিতে হইবে। আন্দোলনের লক্ষ্য মসনদের চোর তাড়িয়ে মসনদে যেয়ে চিরাচরিত চুরিকরার ভুমিকা সৃষ্টিকারীদের ধারাবাহিক এই জঘন্য পথকে চিরতরে প্রত্যাক্ষান করিতে হইবে।

রাষ্ট্রযন্তের মসনদে যাওয়ার লোভ কাদের নাই ! আন্দোলনকারিদের তাহা জানিতে হইবে, তাহা লক্ষ্য করিতে হইবে। অন্যথায় চোর ধংস করে নূতন চোর সৃষ্টি করার মসনদ ভিত্তিক রাজনীতি কেন?

মসনদ ভিত্তিক তথাকথিত পার্লামেন্ট্যারী রাজনীতি চুরি–ডাকাতি করার একটি কথিত বৈধ পথ কিনা তাহা দেখিতে হইবে এবং প্রত্যাক্ষান করিতে হইবে। ইহা হচ্ছে বিপ্লবী রাজনীতির বিপ্লবের মৌলিক অর্থ। অন্যথায় মুক্তি আন্দোলন বলিতে বিপ্লবে কোন ভাষা নাই, কোন দর্শনও তাহার বৈপ্লবিক চরিত্রে বলিতে কিছুই নাই।

Chapter 5 Section 70

রাষ্ট্র–শয়তানের সংগঠন । শয়তানের বহু রুপ ! I deny and fight statism since I understand. Who am I?

Chapter 5 Section 71

রাষ্ট্রবাদীরা অন্যায়ের সমাপ্তি চায়না?   চায়, ধারাবাহিক অন্যায় টিকিয়ে রাখিতে   ও নিজেদের অস্তিত্বরক্ষার প্রশ্নে তাহার কিছু-কিছু সংস্কার ! পার্টি ব্যানারে বড়-বড় অক্ষরে তাহাদের সাঁজিয়ে লেখা বিপ্লব !

Chapter 5 Section 72

রাষ্ট্র অর্থ প্রশাসনযন্এ এবং তাহার   সংবিধান।রাষ্ট্র থাকার অর্থ মাফিয়াতন্এ তথা পুঁজিতান্ত্রিক শোষণ ব্যবস্হাকেই সমর্থন করে যাওয়া । রাষ্ট্র না থাকিলে গরীবের হাড়াবার জন্য কিছুই থাকিবে বরং তাহাদের শেষ শিকলটি মুক্ত হবে। রাষ্ট্র না থাকিলে ক্ষতি হবেনা ভাল লোকের-অপরদিকে ক্ষতি হবে ইন্ডাস্ট্রি মালিক ও যুদ্ধাস্ত্র প্রস্তুত-কারিদের,   মিলিট্যারী সাইন্সের রসদ প্রস্তুতকারিদের, কিন্তু আপনার - ও আমারমত সাধারন লোকদের কোন ক্ষতি হবেনা। রাষ্ট্র থাকিবেনা কাহারা কামনা করিতে পারে !

তাহারা নৈতিক দর্শনের দিক থেকে মানষিক ভাবে বহু উন্নত।অন্যথায় যে, সবুল বিপ্লবের অত্যাবশ্যকীয়তা কাম্য তাহা ও সম্ভব হবেনা।   রাষ্ট্র চাইনা বলিলেই কি রাষ্ট্র বিলুপ্ত হয়ে যাবে? রাষ্ট্র বিলুপ্ত হওয়ার অসংখ্য ত্যাগী মেধা- মানষিকতার প্রয়োজন । কিন্তু যাহারা বিভিন্ন নেশায় থাকে তাহাদের পক্ষে এই অধ্যায়নে আসা মোটেও সহজ নয়। রাষ্ট্রের পক্ষে তকমাদারী অভ্যাস বা (HABIT) দূর না করিতে

242

পারিলে রাষ্ট্র মূলত কি তাহাও পরিস্কার হবেনা। রাষ্ট্রযন্ত্র একটি প্রিভিলেজ সংগঠন । এই প্রিভিলেজরাই অপজিশন হিসাবে পার্লামেন্টে সুযোগের অপেক্ষায় পার্লামেন্টের ভিতরে-বাহিরে মধুর পোকারমত ঘেন-ঘেন করে । এরা রাষ্ট্র-যান্ত্রিকতার রোবট ! সাধারণ মানুষের জীবিকা-উর্পাজনের মেহনত এদের শরীরে নেই, সেইহেতু, এদের চিন্তাধারা অসচ্ছ । এরা মাফিয়াদের অংগ !

এরাই COVID--19 উৎপাদনকারী দুণিয়া ব্যাপী ভায়রাস !

Chapter 5 Section 73

রাষ্ট্র থাকবে, বাজেটও তৈরী হবে। বাজেট রাষ্ট্রের অস্তিত্ব, রাষ্ট্রের শক্তি। রাষ্ট্রকে না বলুন, বাজেট প্রত্যাহার করুন !

Chapter 5 Section 74

কে কাহাকে স্বাধীন করে খেয়ে ফেল্ল, তাহা কিছুই বুজা গেলনা ! শক্রতা কেন? ধর্ম না অর্থনীতি? শোষক-শাসক-শাসিকার লড়াই সার্বভৌমত্ব কি শেষ হয়ে গেল পৃথিবী থেকে ???? তথাকথিত ২২ পরিবার আজ কোথায় কার পেটে ? রাষ্ট্র- ,ধর্ম-রেসিজম, ফ্যাসিজম তথা জাতিয়তাবাদী অর্থহীন গোড়ামী, রাষ্ট্রবাদ থেকে কি শিক্ষা পেয়েছি আমরা?

Chapter 5 Section 75

রাষ্ট্র কি ঐশ্বরিক শক্তি ? রাষ্ট্রকে না বলুন! ব্যক্তি স্বাধীনতাকে প্রধান্য দিন তবেই, সমষ্টির স্বাধীনতা একই স্তরে শান্তির বার্তা বহন করিবে।

Chapter 5 Section 76

ইসলামের মায়াকান্না, আর ষ্ট্যালিনবাদী কলা-ছড়া বুজাতে আসিবেন না আমাকে? বুজার বয়স শেষ ।এখন বুজে গিয়েছি বলাই সঠিক। অন্যথায় নৈরাজ্যবাদী দর্শনের-ভাবাদর্শের প্রতিনিধ্ব করি কিভাবে, কেন?

244

সংকির্ণ ন্যাশনালইষ্ট আমি নই মশাই,––দাদাবাবু । জানেন কি যে, ফ্যাসিজমের ভুত, ন্যাশনালিজমে বাস করে ?

Chapter 5 Section 77

রাষ্ট্রের স্বাধীনতা হচ্ছে, এলিট শ্রেণির স্বাধীনতা । আপনার ও আমার স্বাধীনতা হচ্ছে, প্রবল কর্মজীবনের স্বাধীনতা। Why more than 7.5 million Bangladeshis living abroad? বাংলাদেশতো ১৯৭১ সাল থেকেই স্বাধীন !

স্বাধীনতা কাহাকে বলা হয় সেই শিক্ষার যোগ্যতা গড়ে তুলুন !"নৈরাজ্যবাদ কি তাহা বুজুন, শিখুন, পড়ুন !!! সমস্যা বিতাড়িত হইবে। রাষ্ট্রনামক এলিট শ্রেণিকে প্রতিহত করুন ! আপনার হারাবার কিছুনেই, জ্ঞান-প্রজ্ঞা, কর্ম-শ্রমই আপনার সুক্ষ্ম প্রতিবাদী—প্রতিরোধ হাতিয়ার ।"

Chapter 5 Section 78

তথাকথিত স্বাধীনতা হারিয়ে কেহ তথাকথিত স্বাধীনতা থেকে বঞ্চিত নন। কারন গ্লোবাল বিশ্ব, তথাকথিত স্বাধীনতা নামক সংকির্ণতার চেয়ে অনেক বড়, অনেক বৃহৎ, অনেক বিশাল, অনেক উদার, অনেক আড়ম্বরপূর্ণ, অনেক মহৎ; তাহা কি আপনি জানেন?

Chapter 5 Section 79

কোন জেনারেল সমগ্র সেনা প্রধান নির্বাচিত হবেন বা হয়েছেন, তাহাতে সাধারন নাগরিকদের কি হবে? ওরা সকলেই ভারতীয় মতাদর্শে ভূমিষ্ঠ ও প্রতিপালিত । পূর্ব বাংলার রাজনীতি দিল্লির পদতলে ১৯৭১ সাল থেকেই; উহাই ১৯৪৭ সালের আযাদীর বিরুদ্ধে তথাকথিত স্বাধীনতার মূল কর্মসূচী । সিরাজ সিকদার যাহাকে কাল দিবস হিসাবে পালন করে এসেছিলেন । মওলানা ভাসানি যাহা ১৯৭৩ পূর্ন সমর্থ জানিয়েছিলেন ।

মোছলমান বেচে নিয়েছে ধর্মনিরপেক্ষ-ইসলাম ! যাহা আওয়ামি লীগের ৪টি স্তম্ভের একটি বিশেষ স্তম্ভ? এ টিম-বি টিম খেলার দিন শেষ।

এখানে শেষ কথা হচ্ছে যে, ইসলামকে হাতিয়ার হিসাবে ব্যবহার করা থেকে স্মান্ত থাকুন !

Chapter 5 Section 80

যে সকল রাজনীতি (রাষ্ট্রবাদী রাজনৈতিক দল, ব্যক্তি, সম্প্রদায়) সংস্কারের বিশ্বাসী, তাহার স্বভাবতই আধিপত্যবাদে বিশ্বাসী (hegemony - the supremacy of the power of the state (those who are elites).

Chapter 5 Section 81

সাম্য ব্যতিত, মৈত্রীর বন্ধন অটুট থাকিতে পারেনা। অর্থনৈতিক অসাম্যতা ভাংগতে হইলে চলমান রাষ্ট্র-ব্যবস্হা উচ্ছেদ করিতে হইবে। রাষ্ট্রই অর্থনৈতিক অসাম্যের সকল স্বীকৃতি ।

Chapter 5 Section 82

তোড়া পড়েছি। Here I recite the Torah: Shara was an offspring of Terah, (AJHAR) Abraham's father and one of his concubine a half-sister of Abraham (Ibrahim). (Gen. 12:13). কোথায়ও বলা হয়েছে যে, ২১৬৭ বিসি'তে আব্রাহাম বা ইব্রাহিম জন্ম নিয়েছিলেন । সাম্রাজ্যপতি সম্রাট হামুরাবিকে দেখাযায় (১৭৯২- ১৯৫০ বিসি'তে)।

ছারার অহংকারের পরাজীত হইলেন আল্লাহর নবী, আল্লাহ'র দোস্ত।শিশুটি সহকারের বিদায় করেদিলেন মরুভুমির অন্দকারের ....

Chapter 5 Section 83

রাজনীতি আমার ধর্ম। রাজনীতিই অর্থনীতির ধারক-বাহক । সকল ঐশ্বরিকতা, মিথল্যজি, সংস্কৃতি ও কাষ্টম রাজনীতির সাথে সংযুক্ত। রাষ্ট্র-রাজনীতি ঐ সকলের ব্যবহারিক শক্তি ! বিশ্ব মানব-জাতি নিয়ন্ত্রিত হচ্ছে, ঐ সকলের বৈষয়িক ও আধ্যাত্মিক কর্ম-কান্ড ব্যবহারের মধ্য দিয়ে । রাজনীতিই পারে অস্বচ্ছতাকে স্বচ্ছ করিয়া তুলিতে।

Chapter 5 Section 84

আপনার পলেটিক্যাল (DOCTRINE) ডক্টরিন বা মতাদর্শ কি? আপনি কিসের রাজনীতি করে ঘুরে বেড়াচ্ছেন?

চিন্তাধারা সুস্পষ্ট না থাকিলে কোন রাজনীতি আপনাকে মুক্তি দিতে পারিবেনা ? আপনিই রাজনীতিকে মুক্তির পথে এগিয়ে নিয়ে যেতে পারেন, আপনার দর্শন ও চিন্তাধারার আলোকে।

Chapter 5 Section 85

ব্যবসা-বানিজ্য-রাষ্ট্রযন্এ কী হক পথে চলছে ? চাহিদা যত বৃদ্ধি পাবে, হক পথ তত বিধ্বস্ত হবে। দলবাদী পদলেহি ব্যক্তি স্বতন্এতা ও তাহার উর্বরতা বিরুধী। রাজনৈতিক বিপ্লবে আত্মচেতনা অপরিহার্য । আত্মচেতনা ব্যতিত স্বতন্এ চেতনায় উবর্বরতা থাকেনা ।

Chapter 5 Section 86

আমি তোমাকে এবং আপনাদেরকে প্রভাবিত করছিনা । বরং তোমার এবং আপনারাদের স্বীয় অভিজ্ঞতা তোমাকে এবং আপনাদেরকে প্রভাবিক করুক ।--আত্মচেতনা যাহাকে বলা হয়।

Chapter 5 Section 87

রাজনীতি শিখুন, শয়তানদের জানুন । মাফিয়জিদের এটিম-বিটিম খেলা থেকে দূরে থাকুন। নিজেকে নিরাপদে রাখুন ! তাহাদের বাসনা-কামনার মূল শিকঁড় একটিই । মাফিয়াদের সিংহাসনে বসার ভীষম স্কুদা, ভীষম দরদ, ভীষম আহ্লাদ!

Chapter 5 Section 88

কোন দল আমার পেটে খাবার, শরীরে বস্এ, রোগে ঔষধ, বসবাস করার গৃহ, পায়ে জুতা, মগজে শিক্ষা প্রবেশের খরচ বহন করিবেনা । এই গুলি আমাকেই আমার উর্পাযন থেকে বহন করিতে হচ্ছে, সুতরাং বিবেক ও চেতনা গড়ে উঠিবে কাহার ?   আমার নিজের না অন্য কাহারও ? রাজনীতি ! রাজনীতি,   তোমার পদলেহিতা বজর্ন কর ! এস, ব্যক্তি স্বাতন্ত্র্যবোধ-স্বাধীনতা মুক্তিকে উর্ধ্বে তুলে ধর!

Chapter 5 Section 89

আমি মজিবকে সমালোচনা করার অধিকার রাখি যেহেতু, আমি মজিবতন্এ বা মজিববাদে কখনো বিশ্বাসী ছিলাম না।বাংগালী রাষ্ট্র-মাফিয়জিদের বিরুধীতা করা আমার রাজনীতির একটি কেন্দ্রীয় ধারা, একটি কেন্দ্রীয় সুএ, একটি সচেতনার নূতন জন্ম-একটি নূতন উন্মেষ । তাত্ত্বিক পথের

উওরা-উওরণের সাক্ষ্য, প্রমাণ, সচেতন যুক্তি এবং বৈপ্লবিক সংজ্ঞাবলী। পূর্ব বাংলা তথা পূর্ব পাকিস্তান আমার শৈশব, বিপ্লবের উন্মেষ, আমার অস্তিত্ব শক্তির উদ্ভব।

Chapter 5 Section 90

লেখক, কবি, সাহিত্যিক সৃষ্টি করে জ্ঞান-গভেষণা। বই হচ্ছে, লেখকের নিজস্য গভেষণা, উপলব্ধি, নিজ-সম্পত্তিও । এই সম্পত্তিও লুণ্ঠন করার, অবৈধ ঘোষনা করার বৈধতা প্রকৃতি কাহাকেও দেয়নাই। হইতে পারে আপনার সেল্ফে আপনার প্রিয় বইগুলিই শোভাপায়। তাহা অপরাধ নয়। কিন্তু বই লুণ্ঠন করা, পুড়িয়ে দেওয়ার অধিকার কাহারও নেই ।

Chapter 5 Section 91

একদিকে পাছায় লাথি মারা হবে, অন্য দিকে মহান নেতা বলে ডাকা হবে । এই সকল (CONTRADICTORY) কন্ট্রাডিকটরি বা স্ববিরুদ্ধী গান্ধা মতবাদ দ্বারা গান্ধা লোকের রাজনীতি প্রবাহিত হচ্ছে, বর্তমানে বাংলাদেশে । এই অবস্হাকে বিসর্জন দিন ! এরা বর্তমান সরকার থেকেও হবে ভয়াবহ কারন এদের ভাবাবেগ ব্যতিত কোন পরিস্কার তত্ত্বগত শিক্ষা নাই, আদর্শ নাই। এদের কারনেই দেশের   শোচনীয় অবস্হা

(বারটা বাজা) ! ভারতের মূল পা'চাটা অপশক্তিকে চিনুন, ওরা কাহারা?

Chapter 5 Section 92

অদৃশ্য কোন শয়তান নাই। সব শয়তানই এই মাটিতে। জীবন ও প্রকৃতির স্বাভাবিকতার বাহিরে যাহা তাহাই শয়তানিক কান্ড !

Chapter 5 Section 93

পুরষত্বকে নারীতে রুপ দেওয়া, নারিত্বকে পুরুষত্বে রুপ দেওয়া কাজটি কাহাদের ?

Chapter 5 Section 94

মামুলি কথা-বার্তা দ্বারা রাষ্ট্রশক্তির অপ-কর্মকান্ডকে রোধ করা যাবেনা ।শিক্ষা, রাজনৈতিক দর্শন, বিদ্রোহ-বিপ্লব ব্যতিত অপ-শক্তিকে পরাজিত করা যাবেনা ।

Chapter 5 Section 95

ধর্ম-নিরপেক্ষতা, ইসলাম বাংলাদেশী মোছলমানদের কি কল্যান সৃষ্টি করিতেছে? কেন এই ধর্মনিরপেক্ষতা ?? ইহার রহস্য কোথায় ??? প্রতিনিধি কাহারা? বাংগালী মোছলমান খুব (BRILLIANT) ব্রিলিয়্যান্ট !

Chapter 5 Section 96

ইতিহাস--ইতিহাসের অমর স্বাক্ষি । ইতিহাস উদঘাটন করিতে, জানিতে সামান্যতম ভীতির কারন নেই। কারন হচ্ছে, জানার আগ্রহ-পিপাসা !চাহিদা না থাকিলে, আগ্রহ থাকিবেনা এবং পিপাসা জন্মিবেনা। এখানেই জ্ঞান বৃদ্ধির আদীজন্ম-সুএ, ন্যায়-অন্যায়, শোষন-নিপীড়ণের বিরুদ্ধে "লড়াই," গৃহ থেকে বৃহওর সমাজ বিপ্লবের।

Chapter 5 Section 97

দলের জন্য কেন ? তুমি তোমার জ্ঞান , অভিজ্ঞতা, ভাষাকে ব্যক্ত কর। তুমি তোমার স্বাধীনতাকে বজায় রাখ। জ্ঞান চর্চাকারীর ব্যক্তিত্ব বিসর্জিত হইতে পারেনা ? অধীনতা-ও বশ্যতাকারী, নির্ভরশীল, পদলেহী চরিএ কখনো নিজ-ব্যক্তিত্বের গুরুত্ব বুজিয়া উঠিতে পারেনা । উপহারের মাধ্যমে ভূয়া

ব্যক্তিত্ব গড়া যায় কিন্তু নিজেকে চেনা ও উপলব্ধি করার পথ ইহা নয় ?

বাংলাদেশের চর্তুদিকে ভূয়া ব্যক্তিদের ভুয়া-ব্যক্তিত্ব গড়ে উঠেছে এবং উহার সেবা কারীরাই বিভিন্ন রাজনৈতিক দলের সেবক-সেবিকা !

নিজ ব্যক্তিত্ব বজায় রাখার জন্য সংগ্রাম কর। সেই সংগ্রামই দিতে পারে তোমার জীবন মুক্তি।

অতীতে গোলটেবিল না রাজপথ--রাজপথ রাজপথ । ঢাকা না পিন্ডি--?ঢাকা-ঢাকা! বহু বলা হয়েছিল এবং রাজ পথে বহু রক্ত ঢেলে দেওয়া হয়েছিল এখনো হচ্ছে। কিন্তু রাজনৈতিক ব্যক্তিত্ব কা'দের সফল হয়েছে ?   শাসিকার না জনতার?? পিন্ডির পরিবর্তে ঢাকার মসনদে কাহারা এখন মিছিলের উপর রাজপথে জীবন হরন করে যাচ্ছে? পিন্ডি না ঢাকা ???

রাষ্ট্রবাদ তথা রাষ্টের মৌলিক চরিএ এক ও অভিন্ন। সেখানে কালা-সাদা, সিলেইট্যা, ঢাকাইয়া, নোয়াখাইল্লা, বরিশাইল্লা, উদু, বাংলা, হিন্দী, বিহারী, ইংরেজী ইত্যাদির কি মূল্য আছে গ্লোবাল বিশ্বে ?

Chapter 5 Section 98

কুখ্যাত মজিব একনায়কতন্এের বিরুদ্ধে ১৯৭৪ সালে'র হাংগার মার্চ, ফরিদপুর -আলিপুর, জেলগেট, ডিসি বাংলা, কোর্ট, থানা-ফাড়িগুলির কথা মনে পড়ে । মনে পড়ে,

254

টেপাখোলা থেকে সিএনবি ঘাটের কথা, ফরিদপুর রাজেন্দ্র সরকারী কলেজ ও ইয়াসিন কলের কথা। আবার কবে ঝড় উঠিবে ? নব-প্রজন্মরা কি বলিতে পারে ! কমরেড-কমরেড, লাল সালাম ।আমি দেখিতেছি ওখানে চান মংগলকে (ছবিটির বা দিকের কণারের দৃশ্যপটে।) যাহা আমাদের জীবন-বিপ্লবের একটি অমর স্মৃতি!

Chapter 5 Section 99

আমি দলীয় প্রভাবে চলিনা।   নিজ মগজের প্রভাবে চলি । সুতরাং তাই, তুমি স্মরন রেখ, তোমাতে ও আমাতে এই ব্যবধানটি সর্বদাই থেকে যাবে। ইহাই ব্যক্তি স্বাতন্ত্র্যতা বা স্বাধীনতার মূল কথা।

Chapter 5 Section 100

যাহারা মজিব শেখকে মহান নেতা বলে তাহারা পুরানো আওয়ামি লীগ মাফিয়াদেরই একটি বিভক্ত অংশ !